AF565175

NADIA FERNÁNDEZ
MONICA BÜRKI

MEIN SEX

FRAUEN ERZÄHLEN

ARIS VERLAG

Bibliografische Information der Deutschen Nationalbibliothek:
Die Deutsche Nationalbibliothek verzeichnet diese Publikation
in der Deutschen Nationalbibliografie; detaillierte bibliografische
Daten sind im Internet über http://dnb.d-nb.de abrufbar.

2. Auflage

(Ein Unternehmen der Redaktionsbüro.ch GmbH)
Schützenhausstrasse 80
CH-8424 Embrach
www.arisverlag.ch | www.redaktionsbüro.ch

Umschlag und Satz: Lynn Grevenitz | www.kulturkonsulat.com
Lektorat: Katrin Sutter & Red Pen Sprachdienstleistungen e.U.
Korrektorat: Red Pen Sprachdienstleistungen e.U.
Druck: CPI books GmbH | www.cpibooks.de
ISBN: 978-3-907238-33-2

Für alle Frauen, die uns ihre Geschichten anvertraut und uns mit ihrer Offenheit inspiriert haben. Für alle Menschen, die unseren Weg liebevoll begleitet haben und noch begleiten werden.

INHALT

HERZLICH WILLKOMMEN, LIEBE LESERIN, LIEBER LESER!

Sprecht Ihr mit anderen Menschen über Sex? Über Euren eigenen? Eher nicht? Dann seid Ihr nicht alleine. Sex ist in unserer Kultur einerseits allgegenwärtig und andererseits eines der am konsequentesten totgeschwiegenen Themen überhaupt – gleich nach dem Tod. Auch heute noch, im 21. Jahrhundert, weichen viele Menschen auf den Flüsterton aus, wenn sie über ihre eigene Sexualität sprechen. Über Darmgrippe herrscht weitaus weniger Diskretion. Es kann also nicht am Körperlichen liegen, sondern vielleicht eher daran, dass viele von uns in einer Art Sprachlosigkeit aufgewachsen sind, was ihre Sexualität betrifft. Dabei gäbe es über sexuelle Entdeckungsreisen viel mehr zu erzählen, als bisher darüber gehört und geschrieben wurde.

Könnte ein weiterer Grund sein, dass vielleicht zu selten ganz konkret danach gefragt wird? Wir haben uns jedenfalls getraut und 17 Frauen gefunden, die mit uns offen und ehrlich über ihren Weg sprechen wollten. Ihre Geschichten zeugen von überraschend grosser Erzählfreude und bilden eine Vielfalt möglicher Erfahrungswege ab. Um die Privatsphäre der Frauen zu schützen, haben wir in den meisten Fällen ihre Namen geändert.

Weiter führten wir Interviews mit verschiedenen Fachpersonen, die rund um Sexualität etwas zu sagen haben. Vielleicht inspiriert Euch das Buch, bei Euch selbst nachzuschauen und Eure persönliche Geschichte im Kopf zu verfassen oder zu Papier zu bringen. Unter «Meine eigene Geschichte» findet Ihr Fragen dazu. Am Schluss des Buches melden wir Autorinnen uns mit «Was wir noch sagen wollten» noch einmal zu Wort. *Kursiv* geschriebene Ausdrücke werden im Glossar erklärt und eine Liste mit Links und Literatur liefert zusätzliche Inputs.

Wir wünschen uns, dass Euch die Lektüre so viel Freude bereitet wie uns das Schreiben. Bei der Arbeit an diesem Buch haben wir sehr viel über andere Frauen, aber auch einiges über uns selbst erfahren und wir hoffen, dass es Euch beim Lesen ähnlich ergeht.

Herzlich,
Monica Bürki & Nadia Fernández

MEINE GESCHICHTE – LAURA

«Durch meine zahlreichen Dates durfte ich ganz viel über Männer lernen.»

LAURA, 54 JAHRE ALT, HAT DREI ERWACHSENE KINDER UND LEBT ALS SINGLE.

Meine ersten erotischen Erfahrungen machte ich mit 12, mit meiner damals besten Freundin. Wir spielten «Liebespaar» und streichelten uns gegenseitig am Rücken. Ich kann mich noch gut erinnern, wie sehr mich das erregt hat. Mit Ende 15 hatte ich meinen ersten festen Freund. Nach vielen Monaten des langsamen Annäherns erlebten wir endlich die erste Penetration. Sie hat mich so überwältigt, dass ich danach mit leicht rotem Kopf beim gemeinsamen Abendessen mit seinen Eltern kein einziges Wort mehr herausbrachte! Ich war als Teenager total schüchtern und hätte mich nie getraut, das Wort «Sex» gegenüber anderen laut auszusprechen. Das blieb längere Zeit so. Als ich mit 30 zum ersten Mal schwanger war, war es mir fast peinlich, weil durch den grossen runden Bauch jeder sehen konnte, dass ich mit einem Mann Sex gehabt hatte ...

Mit Anfang 20 begegnete ich meinem Traummann. Mit ihm wollte ich durchs Leben gehen und Kinder haben. Bis dahin hatte ich zwar zwei feste Partnerschaften gehabt, jedoch noch nie einen Orgasmus erlebt. Da ich nicht wusste, wie sich das anfühlt, habe ich es auch nie angesprochen. Aber ich wusste, es musste mehr sein als das, was ich bisher beim Sex erlebt hatte. Meinen Partnern war offenbar nicht bewusst gewesen, dass immer nur sie einen Orgasmus erlebten. Olaf, mein Traummann, gab sich damit nicht zufrieden. Er hat mich so lange verwöhnt und stimuliert, bis ich meinen super-mega-wunderschönen allerersten Orgasmus erlebte! Von diesem Moment an wollte ich jeden Tag Sex mit ihm haben, um immer wieder dieses gigantische Gefühl erleben zu können. Die Sexualität mit ihm war schön und abwechslungsreich. Wir machten es drinnen, draussen, im Stehen, im Liegen, von vorn, von hinten, auf dem Tisch, dem Sofa, im Bad, im Wald ...

Ich fühlte mich zunehmend sexuell überfordert.

Dann kamen die Kinder und gleichzeitig viele weitere Herausforderungen: Geld verdienen, Weiterbildungen im Beruf, die Hausarbeit und vieles mehr. Meine Lust auf Sexualität nahm immer mehr ab. Ein bis zwei Mal im Monat hätten mir gereicht, aber Olaf wollte mindestens zwei bis drei Mal die Woche – am liebsten noch häufiger. Er dachte, das sei «normal», und meinte, alle Paare würden mindestens so oft Sex haben. Nur wir nicht. Doch er hatte sich nie mit Freunden oder Kollegen offen und ehrlich darüber unterhalten. Olaf war in seinem Job sehr stark gefordert. Mehr und mehr hatte ich den Eindruck, er würde den Sex als Ausgleich brauchen. Manchmal schien es mir sogar, als würde es bei ihm in Richtung Sexsucht gehen. Jeder Hotelbesuch war für ihn zum Beispiel gleichbedeutend mit Sex haben. Irgendwann belastete mich das so sehr, dass ich nicht mehr in Hotels übernachten wollte. Zum Glück konnten wir uns jedoch irgendwann mal darauf einigen, dass es auf unseren Reisen im Hotel nicht zwingend zu Sex kommen musste.

Mit der Zeit wurden unsere Alltagsprobleme grösser. Ich fühlte mich zunehmend sexuell überfordert und wollte Olaf kaum noch körperlich nah sein, weil diese Nähe sein Verlangen nach Sex nur noch steigerte. Dabei wollte ich einfach nur mal ganz lange in den Arm genommen werden oder kuscheln. Um ihn nicht zu erotisieren, zeigte ich mich ihm möglichst nicht mehr nackt und trug keine körperbetonte, aufreizende Kleidung mehr. Ich nahm meine Weiblichkeit dadurch immer mehr zurück, nicht nur äusserlich. Wenn ich beispielsweise in einer Zeitung die Frage an ein Paar las, was ihnen in der Beziehung sehr wichtig sei und als Antwort «Sex» kam, konnte ich das absolut nicht nachvollziehen. Ich dachte mir, dass ein Leben ohne Sexualität doch viel entspannter sein müsste. Ich hoffte auf das Alter und darauf, dass Olafs Verlangen hoffentlich nachlassen würde. Als er mir erklärte, dass die Lust der Männer zum Teil bis ins hohe Alter vorhanden sein kann, war mein Entsetzen gross und meine letzte Rettung schien mir verloren zu sein.

Ich wollte endlich meine eigene Sexualität entdecken.

Nach mehr als zwei Jahrzehnten Partnerschaft trennten wir uns und ich meldete mich ein Jahr später auf einer Dating-App an. Ich wollte endlich in aller Freiheit meine eigene Sexualität entdecken. Diese war bis anhin durch das ständige Verlangen meines Ex-Partners fast völlig überdeckt worden. Mit Ende 40 wusste ich noch nicht wirklich, wann, wie oft und in welcher Form ich Sex haben wollte. Durch meine vielen Dates fand ich für mich heraus, welche Männer ich körperlich anziehend finde, wie oft ich Lust habe, was mich erregt und was ich brauche, damit ich mich total hingeben kann. Die Rasur des Intimbereichs, Analsex, Sex zu dritt, Swingerclub, *Squirten*, *Yoni*-und *Lingam*-Massagen, *Dildos*, *BDSM* ... Es gab so viel zu entdecken und zum Glück gibt es das Internet, in dem ich Begriffe nachschauen konnte. Einiges davon hatte ich vorher nicht gekannt, geschweige denn, dass das eine oder andere je für mich in Frage gekommen wäre!

Auch der Altersunterschied zu den Männern, mit denen ich nun Sex hatte, veränderte sich immer mehr. Anfangs dachte ich, es ginge nicht, dass ein Mann 15 Jahre jünger sei als ich. Inzwischen habe ich schon mit einem über 30 Jahre jüngeren Mann Sex gehabt. Und ich war erstaunt, wie souverän und erfahren ein Mann in diesem jungen Alter schon sein kann! Ich habe durch meine Dates viel über Männer lernen dürfen: wie verschieden ihre Körper aussehen, in welche Richtungen der Haarwuchs auf der Brust und am Bauch geht, dass die meisten Männer einen wunderschönen Penis haben, wie unterschiedlich sie ejakulieren, wie unterschiedlich die Konsistenz und der Duft ihres Ejakulats ist, dass es auch schon in jungen Jahren Erektionsstörungen geben kann und dass einige Männer sehr lange brauchen, bis sie einen Orgasmus haben – unabhängig vom Alter.

*Ich trat in Verbindung mit dem Mann –
aber nicht mit mir.*

Auch das Thema «offene Beziehung» ging nicht an mir vorbei. Mich beeindruckt die Idee, den Partner zu lieben und ihn gleichzeitig nicht einzuengen. Ich möchte ihn in seiner Entwicklung unterstützen, wo immer ich kann, auch im Bereich der Sexualität. Auf diesem meinem Weg flossen allerdings auch viele, viele Tränen. Ich habe herausgefunden, dass eine offene Beziehung für mich nur funktionieren kann, wenn ich ganz deutlich spüre, dass mein Partner mich will. Dass, wo und mit wem er auch immer ist, ich ihm als erste Partnerin ganz wichtig bin. Bisher habe ich leider noch kein Paar kennengelernt, das in einer offenen Beziehung nicht irgendwann an Grenzen gestossen ist. Gleichwohl möchte ich diese Idee für eine künftige Beziehung noch nicht ganz aufgeben. Es ist wahrscheinlich ein sehr gutes Übungsfeld, um einerseits zu lieben und andererseits vollkommen loszulassen.

Eineinhalb Jahre lang habe ich auf verschiedenen Dating-Portalen – zum Teil auf dreien gleichzeitig – immer wieder neue Männer kennengelernt und mich mit vielen von ihnen getroffen. Ich merke mehr und mehr, wie viel Zeit das in Anspruch nimmt und wie wenig ich bei mir bin. Inzwischen ist mir klargeworden, dass meine Suche auch mit dem Wunsch nach Verbindung und nach Bestätigung zu tun hat. Wenn ich nachts und am Morgen aufwachte, galten jeweils die allerersten Gedanken den Männern, mit denen ich gerade in Kontakt war. Ich habe gemerkt, dass ich nicht innig genug mit mir selbst verbunden war. Dass ich diesen Zustand fast nur noch im Aussen gesucht und gelebt habe. Ich fühlte mich zunehmend einsam, verloren und verlassen. Eigentlich war es die ganze Zeit schon so. Aber dann kam ein neuer Mann, es flammte wieder etwas Neues auf, gab mir neue Energie. Ich trat wieder in Verbindung: mit dem Mann – aber nicht mit mir!

Ich habe vor Kurzem alle meine drei Dating-Apps gelöscht. Nun treffe ich mich nur noch mit den Männern, mit denen sich ein nachhaltiger, bereichernder Kontakt entwickelt hat, für Gespräche, im Café, zum Wandern, Kuscheln, für *Tantramassagen*, für Sex ...

Ich denke an keinen Mann und an kein Date am Abend.

Ich habe nun mehr Zeit für meine anderen Interessen und für meine Freunde. Ich kann nun mit meinem Morgenkaffee einfach in meinem geliebten Garten sitzen. Dabei denke ich an keinen Mann und an kein Date am Abend, sondern geniesse einfach die Sonne, die durch das Laub des grossen Baums tanzt und mich anstrahlt und die bunten Blumen zum Leuchten bringt. Ich lausche dem Gezwitscher der Vögel, atme tief ein, spüre mich, fühle mich satt und wohl in mir – nur mit mir! Ich möchte all meine Erfahrungen nicht missen, weder die beglückenden, noch die tränenreichen. Sie haben mich zum Teil von mir entfernt, mich aber letztlich wieder zu mir selbst geführt. Ich habe dadurch mich und meine Sexualität ein ganzes Stück weit besser kennengelernt und erfahren. Dafür bin ich sehr dankbar.

MEINE GESCHICHTE – ANNA

«Für meinen Orgasmus bin ich selbst verantwortlich.»

ANNA, 76 JAHRE ALT, GESCHIEDEN, HAT ZWEI ERWACHSENE KINDER UND LEBT ALS SINGLE.

Ich wusste nicht, was ein Orgasmus ist, bis ich 38 Jahre alt war. Da war ich schon längst verheiratet, hatte meine beiden Kinder geboren und mehrere sexuelle Beziehungen erlebt. Den Sex, den ich zuvor mit verschiedenen Männern hatte, habe ich meistens toll gefunden. Deshalb dachte ich, was ich dabei fühlte, sei bereits ein Orgasmus. Erst viel später hat ein Liebhaber gemerkt, dass ich gar keinen Orgasmus hatte. Er hat mir die Augen geöffnet und ich bin ihm auch heute noch sehr dankbar dafür!

Mit meinem Ex-Mann Daniel erlebte ich keine schöne Sexualität. Sex fand meistens am Samstagabend statt. Rein, raus – er hatte jeweils einen vorzeitigen Samenerguss –, dann drehte er sich um, hat geschnarcht und das war es dann. Daniel hat mir immer wieder vorgeworfen, ich sei frigide. Aber ich wusste, dass das nicht stimmt, denn ich hatte in früheren Beziehungen intensive sexuelle Gefühle. Mit Daniel war es jedoch eine rein mechanische Angelegenheit. Grauenhaft! Mein Mann hatte während unserer Ehe immer wieder Affären. Er wollte eine offene Beziehung – aber nur für sich. Das lag vielleicht daran, dass er aus einem anderen Kulturkreis stammt, aus dem Nahen Osten. Seiner Meinung nach standen Männern gewisse Rechte zu – und Frauen nicht. Das fand ich unfair und verlogen und so habe ich mir mit der Zeit das gleiche Recht herausgenommen. Als ein Freund von mir uns mal besucht hat, habe ich Daniel angekündigt, dass ich mit diesem Mann schlafen würde, einfach nur schon, um ihm zu beweisen, dass ich nicht frigide bin. Mein Mann hat im Gästezimmer geschlafen und war rasend eifersüchtig. Am nächsten Tag habe ich Daniel im Detail erzählt, wie schön es mit dem anderen Mann war. Das klingt gemein, aber unsere Ehe war geprägt von Lieblosigkeit und schon nach kurzer Zeit zerrüttet. Dennoch sind wir 17 Jahre verheiratet geblieben. Viel zu lange!

Ich dachte, ich erleide einen Herzinfarkt – es war so intensiv!

Ein Jahr vor meiner Scheidung habe ich Tom kennengelernt. Ich lebte damals immer noch mit meinem Mann unter einem Dach und hatte zwei kleine Kinder. Daniel gegenüber war ich stets ehrlich und offen, was meine Aussenbeziehungen anging. 1984 habe ich mich schliesslich von meinem Mann getrennt, obwohl ich es mir finanziell überhaupt nicht leisten konnte. Aber ich wollte endlich frei sein. Die Begegnung mit Tom war schicksalhaft. Er war zwölf Jahre jünger als ich und die grosse Liebe meines Lebens. Zehn Jahre lang waren wir ein Paar, aber es war nicht immer einfach mit ihm. Er war Alkoholiker, hat viel geraucht und ist 2009 an Lungenkrebs gestorben. Da waren wir allerdings nicht mehr zusammen. Er hat mich verlassen, weil er sich in seine Psychotherapeutin verliebt hat und sie ihn vor die Wahl stellte. Ein klarer Fall von Missbrauch würde man heute sagen, denn Tom war psychisch angeschlagen. Nach unserer Trennung habe ich ein ganzes Jahr lang um ihn getrauert und nie mehr einen anderen Mann so geliebt wie ihn. Tom war mein Seelenpartner.

Er war es, der gemerkt hat, dass ich gar keinen Orgasmus hatte, und mir einen Vibrator geschenkt hat. Ich habe ihn mit seiner Hilfe ausprobiert. Oh mein Gott! Ich dachte, ich erleide einen Herzinfarkt – es war so intensiv. Unglaublich! Damit hat sich mir eine völlig neue Dimension eröffnet. Mit Tom habe ich aber nur ein einziges Mal einen Orgasmus erlebt, ohne den Vibrator zu gebrauchen. Es war manuell und ohne Penetration. Nur ein einziges Mal in den zehn Jahren unserer Beziehung hat es so geklappt und dann nie wieder. Ich habe es immer wieder manuell probiert, mit Selbststimulation, aber ehrlich gesagt, dauert es mir auf diesem Weg viel zu lang. Mein Arm und meine Hand werden müde. Tom war nie eifersüchtig auf den Vibrator. Wir haben das Spielzeug in unseren Sex eingebaut. Mein Ex-Mann hätte das nie akzeptiert. Er hätte den Vibrator als Konkurrenz betrachtet. Seit mir Tom den ersten geschenkt hat, habe ich immer einen Vibrator besessen und benutze ihn wöchentlich. Ich geniesse es sehr, einen Orgasmus zu haben, und Sex ist ja auch gesund, nicht? Hätte ich einen neuen Partner, würde ich ihm als allererstes sagen, dass er sich auf keinen Fall für meinen Orgasmus verantwortlich fühlen soll. Für meinen Orgasmus bin ich selbst verantwortlich!

Ich bin total auf die Penetration fokussiert.

Es ist schade, dass viele Frauen gar nicht wissen, wie toll es mit einem Vibrator sein könnte. Ich glaube, viele Frauen haben Mühe, einen vaginalen Orgasmus zu erleben. Vaginalen Sex habe ich trotzdem immer sehr genossen, auch ohne Orgasmus. Wenn ein Penis in mir ist, aaah, es ist ein wunderbares Gefühl! Ich bin total auf die Penetration fokussiert. Ich habe das Gefühl, beim Sex erst dann komplett zu sein, wenn ein Mann in mir ist.

Der Sex mit meinem letzten Partner war schwierig. Er war sehr korpulent und wenn ich ehrlich bin, war es für mich nicht schön. Immerhin konnten wir sehr gut miteinander reden. Seit der Trennung von diesem Mann 2010 bin ich Single. Das ist eine lange Zeit, ich weiss. Es ist nicht so, dass ich mir Männer nicht anschaue, aber mir gefällt selten jemand. Ich bin nun mal anspruchsvoll. Damit mir ein Mann gefällt, muss er ein attraktives Gesicht und Interesse an Kultur haben, Musik lieben, gerne reisen, intelligent und sensibel sein. Er muss nicht reich sein, aber sich selbst ernähren können. Und im Bett muss er zärtlich und sinnlich sein. Jemand, der sexuell aktiv ist, ohne Potenzmittel nehmen zu müssen. Der Fluch ist, dass ich Männer in meinem Alter – ich bin jetzt 76 – einfach nicht attraktiv finde, jüngere aber schon. Ich weiss, dass ich mich noch verlieben könnte – aber nicht in einen alten Mann. Ich will nicht jemandes Krankenschwester sein, sondern Herzklopfen verspüren und mit diesem Mann noch etwas unternehmen können. Männer in meinem Alter suchen oft eine häusliche Frau, die sie rundum umsorgt. Das ist nicht meine Welt und das waren noch nie meine Werte. Zum Glück brauche ich keinen Mann um jeden Preis, weder emotional, noch sexuell oder finanziell. So kann ich es mir leisten, keine Kompromisse einzugehen.

Meine Freunde waren fast immer wesentlich jünger als ich.

Vielleicht verhalte ich mich ich in Bezug auf Sex anders als andere Frauen. Eine Freundin, die einiges jünger ist als ich und deren Mann schon seit längerer Zeit so krank ist, dass kein Sex mehr möglich ist, hat mir vor Kurzem erzählt, sie habe überhaupt kein Bedürfnis danach. Das sei bei ihr total an die Person gebunden – und da es mit ihrem Mann nicht mehr möglich sei, habe auch sie keine Lust. Bei mir ist es total anders. Ich war schon immer sehr sinnlich. Wenn ich irgendwo auf der Strasse beispielsweise einen Poller sehe, bringt mich das schon auf heisse Gedanken. Oder wenn ich beobachte, wie Tiere miteinander kopulieren, dann erregt mich das.

Mein Mann hat mich also völlig falsch eingeschätzt, als er damals behauptete, ich sei frigide, denn ich hatte schon immer ein grosses sexuelles Verlangen. So habe ich mal in Athen spontan eine Nacht mit einem schwarzen Mann verbracht, einfach, weil ich wissen wollte, wie er im Bett sein würde. Das Exotische an ihm hat mich gereizt. Immer wieder hatte ich Freundschaften plus, also Beziehungen zu Männern, mit denen ich befreundet war und mit denen ich Sex hatte, aber ohne ein Liebespaar zu sein. Das hat mir auch sehr gut gefallen! Ich war einerseits frei und konnte andererseits meine Sexualität ausleben. Mit der Zeit habe ich gemerkt, dass meine Freunde fast immer wesentlich jünger waren als ich. Ich glaube, das lag daran, dass ich selbst immer jünger gewirkt habe. Vielleicht, weil ich so neugierig und offen bin. Meine Freunde und Liebhaber waren oft Künstler, Musiker, Schauspieler. Manchmal hatten sie Probleme mit Drogen und kamen in Konflikt mit dem Gesetz. Konventionell waren sie nie. Ich selbst bin recht konservativ aufgewachsen. So hat mir meine Mutter als junges Mädchen eingebläut, dass man einen Mann erst küsst, wenn man mit ihm verlobt ist, und erst mit ihm ins Bett geht, wenn man mit ihm verheiratet ist. Ja, so war das damals in den Fünfzigern. Ich habe mich natürlich nicht daran gehalten und mit 20 Jahren hatte ich zum ersten Mal Sex. Ich habe es sehr genossen und hatte überhaupt kein schlechtes Gewissen.

Männerschweiss kann so gut duften!

Manchmal habe ich Sehnsucht nach Männergeruch – Männerschweiss kann so gut duften, finde ich –, nach Berührungen, nach Küssen, nach einem schönen Penis in mir. Das fehlt mir schon. Aber die Vorteile meiner jetzigen Situation überwiegen: Ich muss mich nicht verbiegen, habe dank meines Vibrators zuverlässig einen Orgasmus, muss mich mit niemandem rumstreiten, kann machen, was ich will. Kurz: Ich bin frei. Man kann nicht alles haben. Ich halte meine Augen offen, aber ehrlich gesagt, ist es wohl sehr unwahrscheinlich, dass ich in meinem Alter noch jemanden finde, mit dem es passt. Ich bin nun mal so alt wie ich bin, auch wenn ich jünger aussehe, und wenn die Männer hören, wie alt ich bin, erschrecken sie, das merke ich. Wahrscheinlich denken viele Männer, eine Frau in meinem Alter wolle gar keinen Sex mehr, dabei ist es doch gar nicht so – wenigstens bei mir nicht. Immerhin habe ich nicht das Gefühl, etwas verpasst zu haben. Ich habe gelebt, ich habe geliebt. Es ist alles gut. Und das fehlende Herzklopfen hole ich mir im Kino, denn ich bin ein grosser Filmfan. Da schwinge ich voll mit, verliebe mich mit den Hauptfiguren und freue mich mit ihnen.

Ich finde es übrigens wahnsinnig schön, dass ich endlich mal frei und offen mit jemandem über Sexualität reden kann. Mit meinen Freundinnen geht es kaum, sie würgen das Thema schnell ab. Schade, nicht?

IM GESPRÄCH MIT ANNETTE BISCHOF-CAMPBELL

«Es ist auch mit 75 oder 80 Jahren nicht zu spät, um etwas Neues zu erlernen.»

ANNETTE BISCHOF-CAMPBELL, 59 JAHRE ALT – PSYCHOLOGIN, PSYCHOTHERAPEUTIN, SEXUALTHERAPEUTIN, KLINISCHE SEXOLOGIN ISI, MITGLIED DES ZÜRCHER INSTITUTS FÜR KLINISCHE SEXOLOGIE UND SEXUALTHERAPIE, GESCHÄFTSLEITERIN DER PLATTFORM LILLI.CH, DIE ANONYME ONLINE-BERATUNG UND INFORMATION RUND UM DIE SEXUALITÄT BIETET

Annette Bischof-Campbell, mit welchen Anliegen kommen Frauen zu Ihnen?
Mit allen möglichen Anliegen. Bei vielen geht es um sexuelles Begehren, Orgasmus oder Lusterleben. Die Mehrheit der Klientinnen weiss, wie sie zu einer orgastischen Entladung kommen kann. Häufig liegt die Schwierigkeit jedoch darin, diese Entladung als lust- und genussvoll zu erleben. Auch ist es für viele Frauen einfacher, bei der Selbstbefriedigung zum Orgasmus zu kommen, während sie beim vaginalen Geschlechtsverkehr Mühe damit haben. Weitere Themen sind Schmerzen beim Geschlechtsverkehr, Vaginismus, Körperakzeptanz, schwierige Emotionen und Gedanken rund um die Sexualität sowie sexuelle Gewalt. Und natürlich gibt es Veränderungen wegen Erkrankungen oder des Älterwerdens – wenn das, was früher gut funktioniert hat, nicht mehr geht.

Sie leiten eine Therapiegruppe für Frauen, die sich mit dem Orgasmus auseinandersetzt. Was sind die Vorteile, ein solches Thema in der Gruppe anzugehen?
Viele von uns haben die Haltung, dass guter Sex vom Himmel fällt, dass es das Natürlichste der Welt ist und einfach funktionieren soll. Wenn das

nicht der Fall ist, haben wir schnell einmal das Gefühl, mit uns stimme etwas nicht. Wenn eine Frau in die Orgasmus-Gruppe kommt, hört sie von den anderen Teilnehmerinnen, dass auch sie Ähnliches erleben. So lernt sie schon mal, dass sie nicht die Einzige mit diesem Problem ist. Überhaupt ist der Vergleich sehr heilsam. Früher oder später merkt jede Teilnehmerin, dass sie gewisse Sachen gut kann und dass sie gar nicht so schlecht dasteht, wie sie vielleicht dachte. Auch wird sie durch die anderen Teilnehmerinnen dazu inspiriert, etwas auszuprobieren oder zu üben, das bei ihnen funktioniert hat. Im Sinn von: «Wenn sie das kann, dann kann ich das auch.» Ausserdem gibt es in einer Frauenrunde immer wieder viele Gründe zum Lachen. Das alles hilft, um aus der auto-pathologisierenden Haltung herauszukommen, die viele Menschen in Bezug auf ihre Sexualität haben.

Wie kommt es zu dieser Haltung?
Die Gesellschaft und die Medien vermitteln tendenziell das Bild, dass Sex klappt, wenn eine Frau nur genug locker ist und sich auf ihren Partner oder ihre Partnerin einlässt. Oder wenn sie ihn oder sie liebt. Logisch, dass sie dann in eine Defizithaltung hineinkommt, wenn das bei ihr nicht so ist. Die Realität ist aber, dass das jeder Mensch lernen muss. In der Gruppe begleiten wir Frauen durch diesen Lernprozess.

Was wird da genau gelernt?
Wahrnehmung, sexuelle Erregung, sexueller Genuss – all das ist lernbar und braucht Übung. Viele Frauen haben zum Beispiel gelernt, sich auf eine ganz bestimmte Art sexuell zu erregen, die bei der Selbstbefriedigung gut funktioniert, in der Paarsexualität jedoch nicht. Oder die sich nicht so lustvoll anfühlt. Jede Frau kann ihr Erregungsspektrum erweitern. Es ist, als hätte sie eine Sprache erlernt. Jetzt kann sie sich noch eine weitere Sprache aneignen. Viele Frauen haben vielleicht ihre Vagina noch nicht so richtig entdeckt, das heisst, Berührungen in ihr fühlen sich dumpf und uninteressant an. Spüren können ist eben auch ein Lernprozess. So kann eine Frau durch viele achtsame Berührungen lernen, die Empfindungen

in ihrer Vagina intensiver und erregender zu erleben. Und wie beim Erlernen einer Sprache ist es nicht damit getan, einige Male in die Gruppe zu kommen – sie muss regelmässig zuhause üben. Dieser Schritt ist für viele mit einer gewissen Motivationsproblematik verbunden. Am Anfang holpert es sehr, denn erst die Übung macht die Meisterin. Das wissen wir alle. Aber rund um die Sexualität haben wir diese Erwartungshaltung, dass alles irgendwie schon da sein sollte. Wenn eine Frau bei einer Übung zum Beispiel ihre Vagina berühren soll, denkt sie vielleicht, sie müsse das als lustvoll und sexuell erregend erleben, und ist enttäuscht, wenn das bei ihr nicht der Fall ist. Damit fokussiert sie auf das, was fehlt, statt auf das, was vielleicht schon da ist. Es ist, als würde sie sich auf die Löcher im Käse statt auf den Käse konzentrieren. Eine solche Erwartungshaltung ist demotivierend. Sie macht überhaupt keine Lust aufs Üben.

Was macht Lust aufs Üben?

Gerade wenn die Sexualität wenig Spass macht, fehlt Frauen oft grundsätzlich die Lust zum Üben. Es ist hilfreich, wenn sie verstehen, dass das lustvolle Erleben das Endziel, nicht die Voraussetzung zum Üben ist. Da hilft die Gruppe – genau genommen der Gruppendruck: «Wenn alle anderen üben, mach ich es auch.» Wichtig ist dabei, eine gelassene innere Einstellung einzunehmen und sich zu sagen: «Ok, ich bin jetzt einfach neugierig und schaue mal, was so passiert.» Diese Offenheit ist wichtig, sprich, die interessierte Forscherhaltung.

Nach welcher sexualtherapeutischen Methode arbeiten Sie?

Ich arbeite mit der Methode des Sexocorporel. Sie geht von der Annahme aus, dass sich das, was wir mit dem Körper machen, in unserem Erleben spiegelt. Ein konkretes Beispiel: Wenn ich den Körper stark anspanne, ist es sehr schwierig, mich gleichzeitig als sinnlich zu erleben oder mir etwas Romantisches dabei vorzustellen. Wenn ich mich locker bewege, ist das viel besser möglich. Als Therapeutin weiss ich, dass es effizienter ist, ein Problem auf der sexuellen Ebene auch über den Körper anzugehen, statt nur darüber zu sprechen. Was macht die Person während des Sex? Wie setzt sie ihren Körper ein? Das sind aufschlussreiche Fragen. Im Sexocorporel sprechen wir bei Problemen übrigens nicht von sexuellen Störungen, sondern von Grenzen: Jede Person hat sexuell etwas gelernt. Sie hat bestimmte Lernschritte gemacht. Sie hat Fähigkeiten. Irgendwann stösst sie mit ihren Fähigkeiten an Grenzen. Wir helfen, Grenzen zu erweitern.

An welche Lernschritte denken Sie konkret?
Die meisten Menschen haben gelernt, sich auf eine bestimmte Weise sexuell zu erregen und die sexuelle Erregung zu intensivieren. Diese individuellen Erregungsmuster unterscheiden sich zum einen darin, was die Person stimuliert, und zum anderen, wie es sie stimuliert und wie sie ihren Körper dabei einsetzt. Viele Menschen intensivieren die sexuelle Erregung zum Beispiel durch hohe Anspannung im Körper. Körperspannung ist sehr erregend. Aber sie kann dazu führen, dass eine Frau beim Sex an Grenzen stösst. Zum Beispiel kann es sein, dass sie weniger spürt. Oder dass die Durchblutung der Vagina reduziert ist und sie deshalb nicht richtig feucht wird. Oder dass sich die Vagina in der sexuellen Erregung nicht erweitern kann. All das kann zu einem unangenehmen Erleben oder zu Schmerzen führen. Es kann auch sein, dass eine Frau eher unangenehme Gedanken und Emotionen rund um Sex hat oder verstörende Fantasien. Diese hängen mit dem Zustand unseres vegetativen Nervensystems in hoher Muskelspannung zusammen.

Können Sie das etwas ausführen?
Hohe andauernde Muskelspannung während der Erregungssteigerung geht vermutlich mit einer starken Aktivierung des Sympathikus einher. Dies kann ein Gefühl von Vitalität wie beim Sport auslösen, umgekehrt aber auch die Kampf-Flucht-Reaktion, welche assoziiert ist mit Gefühlen von Anstrengung, Stress, Ärger oder Angst. Das Genusserleben ist dann eingeschränkt. Die Gedanken sind darauf ausgerichtet, die Situation, sich selbst und das Gegenüber zu bewerten oder zu verurteilen, was Distanz schafft. Dieses Gedanken- und Gefühlserleben kann sich je nachdem auch in «harten» oder verstörenden sexuellen Fantasien spiegeln.

Ist Ihre Empfehlung also, sich beim Sex zu entspannen?
Nein. Erstens ist das für viele gar nicht so einfach. Zweitens ist Spannung sehr erregend. Wir empfehlen vielmehr ein Wechselspiel aus Anspannung und Entspannung. Einfacher ausgedrückt: Wir empfehlen, dass sich Menschen beim Sex mehr bewegen. Sei es, dass sie mit dem Becken und auch dem Oberkörper fluid schaukeln oder ondulieren, dass sie mit der Beckenbodenmuskulatur spielen oder dass sie ihren Innenraum über tiefe Atmung bewegen. Am besten alles zusammen. Das ist das beste Rezept dafür, sexuelle Erregung auf eine genussvolle Weise zu erlangen und zu steigern. Für viele ist das allerdings ganz fremd und muss neu gelernt werden – wie eben eine Sprache.

Und wie ist es, wenn Krankheiten dazwischenkommen oder das Alter sich immer stärker bemerkbar macht?
Man kann sich die Sexualität wie einen Baum vorstellen. Der Stamm ist die körperliche Basis. Stellen Sie sich vor, der Baum steht in einem Sturm. Je stabiler der Stamm, desto weniger gravierend ist die Auswirkung des Sturms auf ihn. Übersetzt auf die Sexualität, entspricht der Sturm störenden Einflüssen – von Alltags-Stressoren über emotionale Belastungen bis hin zu körperlichen Beschwerden und Veränderungsprozessen. Je mehr Erregungsquellen eine Frau für sich entdeckt und angeeignet hat und je mehr sie investiert hat in eine wirklich genussvolle sexuelle Erregung, desto stabiler ist ihr sexueller Stamm und desto weniger werden die Stürme des Lebens ihre Sexualität aus dem Gleichgewicht bringen.

Das klingt ermutigend …
In meiner Arbeit möchte ich Menschen helfen, diesen Stamm zu stärken und auszubauen. Das funktioniert unabhängig vom Alter. Ich erlebe in meiner Praxis immer wieder, dass es auch mit 75 oder 80 Jahren nicht zu spät ist, etwas Neues zu erlernen. Die Plastizität des Gehirns ist bis ins hohe Alter vorhanden. Das Lernen funktioniert unabhängig von den Grenzen, die der Körper setzt. Auch nach einer Krankheit oder Operation kann eine Frau dazulernen – also auch dann noch, wenn etwas nicht

mehr ist, das früher war. Vielleicht macht es im ersten Moment den Eindruck, als wäre nicht mehr viel möglich. Da ist es meine Aufgabe als Therapeutin, meine Klientinnen zu motivieren. Wenn irgendwelche Nervenrezeptoren nicht mehr intakt sind, gibt es garantiert andere, die trainiert werden können.

Sie bieten auch Paartherapie und Seminare für Paare an. Gibt es hier besondere Herausforderungen?
Zunächst einmal muss man herausfinden, ob es sich um ein sexualtherapeutisches oder ein paartherapeutisches Anliegen handelt. Also: Führen Probleme beim Sex zu Problemen beim Paar oder führen Probleme des Paares zu Problemen beim Sex? Wenn es sich eindeutig um ein sexuelles Problem handelt, liegt die Herausforderung darin, dass jede Person andere Anliegen, Bedürfnisse und sexuelle Grenzen hat. Ganz abgesehen davon, dass Körper völlig unterschiedlich sind. Daher sollten beide Partner unbedingt auch allein üben. Das ist, als wenn beide ein Duett auf ihrem Instrument spielen wollen – üben müssen sie auch allein. Beim gemeinsamen Üben geht es häufig um Autonomie: Viele Menschen möchten beim Sex die andere Person befriedigen oder ihr gefallen und kümmern sich zu wenig darum, wie es ihnen geht und was ihnen selbst gefällt. Es gibt sehr gute Übungen, bei denen beide in der Begegnung lernen können, bei sich selbst zu bleiben und gut für sich zu sorgen. Damit machen sie sich und ihr sexuelles Erleben nicht so sehr vom Gegenüber abhängig.

Unterschiedliches sexuelles Begehren ist sicherlich auch ein häufiges Thema bei Paaren, nicht?
Ja. In einer solchen Situation geht es oft beiden ziemlich schlecht: Die Person, die weniger Sex möchte, hat oft das Gefühl, sie sei sogenannt «frigide» oder es stimme etwas nicht mit ihr. Sie fühlt sich unter Druck gesetzt und macht mit, obwohl ihr der Sex wenig Spass bereitet. Die Person, die mehr Sex möchte, findet, sie komme zu kurz, und sie fühlt sich verunsichert – nicht begehrt oder nicht begehrenswert. Die Arbeit mit der Person, die weniger sexuelles Begehren hat, fokussiert in der Regel

auf das Ausbauen einer genussvoll erlebten Sexualität. Denn die Lust am Sex geht der Lust auf Sex voraus. In der Regel leidet die Person, die weniger Sex möchte, nicht unter mangelndem Begehren an sich, sondern sie hat keine Lust auf eine bestimmte Handlung oder auf eine bestimmte Form von Sexualität. Ich sage immer: Keine vernünftige Person hat Lust auf Sex, der ihr nicht schmeckt. Wenn man das dann genauer anschaut, ist es oft übrigens so, dass beide am gemeinsamen Sex nicht besonders Spass haben – auch die Person mit dem sogenannt stärkeren sexuellen Begehren nicht. In der Sexualtherapie geht es oft bei beiden darum, dass sie lernen, sich in der Paarsexualität lustvoller zu erregen – und dass sie autonomer und damit offener für Neues werden.

Mit dem Alter betrauern manche Frauen den Verlust ihrer Attraktivität. Wie kann man damit umgehen?
Attraktivität ist tatsächlich ein Thema. Aber einen Körper, der sich gut anfühlt, mag ich mehr. Es ist wichtig, dass wir etwas über das vegetative Nervensystem wissen, denn es beeinflusst unser emotionales Erleben stark. Ohne in die Details zu gehen, stelle ich hier mal eine Faustregel auf, die zwar sehr verkürzt, aber in ihrer Einfachheit auch sehr hilfreich ist: Anspannung entspricht einem verstärkten Erleben von sozialer Gefahr, Stress und unangenehmen Emotionen. Lockere Bewegung entspricht einem verstärkten Erleben von sozialer Sicherheit, Gelassenheit und angenehmen Emotionen. Wenn ich mich zum Beispiel bewege, schaue ich alles mit einem freundlicheren Blick an – inklusive mich selbst. Wenn ich mich starr und angespannt vor dem Spiegel betrachte, bin ich oft streng mit mir; wenn ich mich locker bewegend oder tanzend vor dem Spiegel anschaue, gefalle ich mir besser. Schönheit liegt tatsächlich im Auge des Betrachters und es ist möglich, eine positive, freundliche Haltung zu kultivieren. Je nachdem, wie ich atme, sehe ich mich anders; je nachdem, wie ich mich bewege, sehe ich mich anders. Wenn ich grosse, weiche, fluide Bewegungen mache, finde ich meinen Partner attraktiver und freundlicher, als wenn ich bewegungslos und angespannt daliege. Und er mich auch.

Gibt es besonders schöne Erlebnisse bei Ihrer Tätigkeit?
Für mich ist es immer wieder beglückend festzustellen, dass schon in kurzer Zeit Veränderung möglich ist. Plötzlich wird etwas machbar, von dem eine Person seit Jahrzehnten glaubte, dass es nie eintreten würde. Die eine kann nach einer Operation wieder einen Orgasmus erleben, die andere schliesst nicht nur Frieden mit sich selbst als sexuelles Wesen, sondern sie beginnt das auch zu zelebrieren. Aber wie gesagt: Ohne Üben geht das aus meiner Sicht nicht.

Noch eine Frage zum Schluss: Was bedeutet Sexualität für Sie?
Ich fand Sexualität schon immer etwas ausgesprochen Interessantes. Und so habe ich das Thema zu meinem Beruf gemacht. Als Sexualtherapeutin ist für mich die Selbsterfahrung sehr wichtig und ich habe am eigenen Körper erlebt, wie viel sich durch Üben machen lässt. Darum bin ich so daran interessiert, Menschen zu motivieren, Zeit und Übung zu investieren in die Verbesserung ihrer Sexualität.

MEINE GESCHICHTE – CARO

«Ich bin eine treue Seele.»

CARO, 63 JAHRE ALT, VERHEIRATET, HAT EINEN ERWACHSENEN SOHN UND LEBT MIT IHREM MANN SAM (62).

Es freut mich extrem, dass mich mein Mann auch nach all den Jahren immer noch schön findet und es mir fast täglich sagt. Immerhin kennen wir uns schon seit 38 Jahren. Sam hat mir von Anfang an sehr gut gefallen, auch als ich noch nicht in ihn verliebt war. Als ich ihm zum ersten Mal begegnete, dachte ich gleich, dass er ein richtig cooler Typ sei, mit seinem grossen Motorrad, den Cowboy-Stiefeln und der Lederjacke. Sein dunkles Haar und dass er sich über Normen und Regeln hinweggesetzt hat – das alles hat mir sehr gefallen. Ich war schon immer eher brav unterwegs und seine Unangepasstheit hat mich stark angezogen. Vor ihm war ich eine Zeit lang mit einem Weichei von einem Mann zusammen, einem richtigen Softie. Davon hatte ich die Nase voll und habe Ausschau nach einem anderen Typ Mann gehalten. Ich wollte jemanden, der in jeder Hinsicht zupacken kann. Einen Mann mit geschickten Händen.

Geschickte Hände kann man schliesslich für vieles brauchen, wie Sam mir immer wieder zeigt. Er berührt mich oft, streichelt mich, cremt mir den Rücken ein, legt mir die Hand auf den Po, damit ich gut einschlafen kann. Als wir jünger waren, haben wir bis zum Abwinken gepoppt. Vor allem, als wir noch kein Kind hatten, ist es sexuell total abgegangen. Ehrlicherweise muss ich gestehen, dass wir zu jener Zeit viele Drogen konsumiert haben: Hasch, Koks, Speed, LSD, Magic Mushrooms. Das hat ganz sicher auch zu unserer sexuellen Aufladung beigetragen. Im Nachhinein bin ich nicht stolz auf meine Drogenerfahrungen und froh, dass wir heute auch ohne auskommen. Aber im Zusammenhang mit Sex haben die Drogen schon eine spezielle Wirkung entfaltet, ganz klar. Je nachdem, welche Droge man nimmt, erhöht sie das Lustempfinden oder sorgt dafür, dass der Schub nicht so schnell weg ist und man ganz lange kann. Und natürlich ist man unter Drogen auch enthemmter.

Kuscheln und Nähe sind für uns ganz wichtig.

Sechs Jahre nachdem wir uns kennengelernt hatten, haben Sam und ich geheiratet. Ich war damals schwanger und das gab den Ausschlag. Mir selbst war das Heiraten nicht so wichtig, aber Sam wollte es unbedingt. Als ich schwanger war, habe ich komplett mit den Drogen aufgehört und es danach nicht wieder aufgenommen. Ich habe sie nicht gross vermisst. Eine sexuell schwächere Phase hatten Sam und ich nur kurz nach der Geburt unseres Sohnes. Da war ich körperlich nicht so ansprechbar und mein Mann war manchmal etwas eifersüchtig auf den Kleinen. Und als einige Monate sexuell nichts lief, meinte Sam schon mal: «Also, wenn da nichts mehr kommt, muss ich mich anderswo umschauen.» Dann hat sich das Ganze aber wieder eingependelt. Eine Zeit lang, wie wohl bei den meisten Paaren mit kleinen Kindern, fand der Sex immer am Sonntagmorgen statt. Das war für mich nicht spannend. Nur weil es dann gerade praktisch war, hatte ich nicht unbedingt Lust darauf. Ich habe es dann Sam zuliebe manchmal doch durchgezogen. Und eine Zeit lang litt ich häufig unter Blasenentzündungen – ein echter Lustkiller! Ständig diese Angst, wieder eine Entzündung einzufangen, und dann jedes Mal die Behandlung mit Antibiotika. So konnte ich mich beim Sex nicht entspannen und mein Stress hat sich auf Sam übertragen. Es kam vor, dass wir zwar Lust aufeinander hatten, aber als es richtig losgehen sollte, klappte es bei ihm nicht. Tote Hose – sehr frustrierend!

Zum Glück liegen diese Schwierigkeiten hinter uns. Unsere Sexualität hat sich im Lauf der Jahre natürlich verändert, so wie wir uns verändert haben. Inzwischen ist Kuscheln und Nähe für uns beide ganz wichtig geworden und Sex eher etwas weniger. Sex findet bei uns vor allem morgens statt, denn abends sind wir oft zu müde dafür. Wir haben beide das Glück, dass wir morgens nicht zu einer bestimmten Zeit bei der Arbeit sein müssen, und seit unser Sohn vor einigen Jahren ausgezogen ist, sind wir nochmals freier, müssen keine Rücksicht auf ihn nehmen und planen. Fast so wie am Anfang unserer Beziehung.

Nur weil jemand gut flirtet, muss er nicht auch gut poppen.

Ich weiss nicht – und will es übrigens auch nicht wissen –, was Sam vielleicht alles erlebt hat. Ob er sich mit anderen Frauen eingelassen hat. Ich bin jedenfalls eine treue Seele. Es ist schon so, dass ich gerne flirte und es geniesse, wenn mich ein anderer Mann toll findet. Aber weil es mit Sam so richtig gut und befriedigend ist, vermisse ich die Erfahrungen mit anderen Männern nicht. Ich hatte so etwa fünf, sechs Sexpartner vor meinem Mann, lauter verschiedene Typen, und habe nicht das Gefühl, etwas verpasst zu haben. Das Sexuelle interessiert mich an anderen Männern nicht. Dieser Teil ist für mich durch Sam schon so gut abgedeckt. Das Flirten, der geistige und hoffentlich auch geistreiche Austausch, ist der einzige Aspekt für mich, der mich am Kontakt mit anderen Männern interessiert. Ich glaube, mir gefällt daran, dass alles etwas vage bleibt. Das passt sehr gut für mich, denn ich habe kein Bedürfnis, das Ganze zu konkretisieren und mein Leben zu verkomplizieren. Und nur weil jemand gut flirten kann, muss er nicht unbedingt auch gut poppen können, sage ich mir. Sollten Sam und ich doch fremdgehen, würden wir es sicher so machen, dass es der andere nicht erfährt. Ein One-Night-Stand aus lauter Geilheit würde bei mir aber nicht funktionieren. Ich muss verliebt sein oder eine grosse Vertrautheit empfinden, damit bei mir was laufen kann. Mit einem Fremden Sex zu haben, ist für mich unvorstellbar.

Es ist bei mir so, dass ich körperliche Nähe zu anderen Menschen nicht mag und schlecht ertragen kann – ausser zu meinem Mann. Ich lasse mich zum Beispiel nicht gerne von anderen Menschen anfassen. Eine Massage oder eine Gesichtsbehandlung finde ich total unangenehm. In einen Swingerclub zu gehen, ist für mich aus demselben Grund keine erotische, sondern eine Horror-Vorstellung. Aber von meinem Mann lasse ich mich, wie gesagt, sehr gerne berühren. Ich sitze manchmal auf seinem Schoss. Wir halten und streicheln uns. Das finde ich sehr schön. Auch dass wir immer wieder Gründe zum Lachen finden, gefällt mir. Im Lauf der Jahre haben wir so unsere kleinen Spielereien im Alltag entwickelt, machen zum Beispiel viele Andeutungen, Wortspiele oder schicken uns WhatsApp-Nachrichten. Dabei schwingt immer etwas Erotik mit. Ich sage zum Beispiel, dass es mich irgendwo juckt, und Sam fragt mich dann mit einem gewissen Unterton, ob er mich dort kratzen soll, und schon ist es interessant. Solche Sachen eben. So kommt bei uns Sex in der Sprache vor, ohne dass es dann auch wirklich zu Sex kommen muss.

Ich finde es nicht schlimm, wenn ich mal keinen Orgasmus habe.

Sam würde es sicher gefallen, mit zwei Frauen im Bett zu landen. Das wäre jedoch nichts für mich und das weiss er auch. Aber er macht so ein Spiel draus und sagt jeweils: «Nicht wahr, du weisst schon, dass die Gisela auch noch vorbeikommt.» Das finde ich witzig. Vielleicht muss man nicht alle Fantasien ausleben. Es reicht eventuell, wenn man darüber spricht, denke ich mir. Ein unbeschwerter und spielerischer Umgang miteinander ist für mich ein Zeichen von Vertrautheit und Vertrauen. Man versteht sich und fasst die Dinge nicht falsch auf. Schliesslich kennt man sich ja schon so lange und so gut.

Sam und ich haben immer noch regelmässig Sex, aber er hat sich im Lauf der Zeit verändert. Quickies klappen nicht mehr. Es liegt nicht etwa an einer fehlenden Erektion, sondern daran, dass ich die Hektik nicht mag. Und wozu auch? Wir haben ja Zeit. Und die Lust überfällt mich nicht mehr so Hals über Kopf, sondern es ist eher so, dass wir in eine sinnliche Stimmung kommen. Es geht auch nicht mehr so schnell mit dem Feuchtwerden bei mir. Heute dauert es länger. Früher musste ich nur einmal küssen und schon war ich super feucht. Jetzt schwillt der ganze Bereich gut an und ist aktiviert, aber einfach nicht so feucht wie früher. Zum Glück gibt es dafür Cremes. Häufig blase ich Sam morgens einen. So als Start in den Tag findet er das toll. Das geht ratzfatz! Wenn ich dabei ebenfalls Lust bekomme, können wir dann immer noch zusammen etwas machen, bei dem ich auch was davon habe. Aber ich finde es überhaupt nicht schlimm, wenn ich mal keinen Orgasmus habe. Es ist für mich total ok, wenn mal nur mein Mann einen Orgasmus hat. Meine Orgasmen sind heute vaginal. Das war nicht immer der Fall, sondern hat sich erst mit den Jahren so entwickelt. Es hat bei mir, glaube ich, mit der Anatomie zu tun, nicht mit der Technik. Sam oder ich kann mich mit der Hand stimulieren und kurz bevor ich komme, poppen wir und dann kommt der Orgasmus beim Verkehr.

Ich habe ehrlich gesagt keine Geduld für stundenlange Sex-Sessions. So wie wir es jetzt haben, mit Sex am Morgen, finde ich es sehr schön und genau richtig für mich. Wir kuscheln so herum und vielleicht ergibt sich etwas oder auch nicht. Es gibt keine Erwartungen und keine Vorwürfe. Alles ist offen und es ist egal, ob etwas passiert oder nicht – und gerade das finde ich spannend. Ich hoffe, dass es immer so bleibt.

MEINE GESCHICHTE – LILLY

«Ich dachte, alle Jungs wollen ständig Sex.»

LILLY, 47 JAHRE ALT, GESCHIEDEN VON WALTER (46), MIT DEM SIE ZWEI ERWACHSENE KINDER HAT. SIE WOHNT MIT EINEM IHRER KINDER; IHR PARTNER JONAS (48) LEBT IN EINER ANDEREN STADT.

Meine Mutter ist Irin und katholisch, mein Vater Ägypter. Zuhause sprachen wir nie über Sex. Mein Vater war Mitte Fünfzig und hatte bereits Kinder aus erster Ehe, als meine Eltern heirateten und ich zur Welt kam. Er war ein ausgesprochen schöner, charmanter und sinnlicher Mann. Ich bin mir sicher, dass er diverse Affären hatte, und vermute auch, dass ich weitere Halbgeschwister habe. Meine Eltern gingen liebevoll miteinander um und waren auf spielerische Art zärtlich, aber nie auf eine intime oder sexuell-sinnliche Weise. Unser Familienleben drehte sich um mich, das einzige Kind. Ich war ein aufgewecktes, süsses Mädchen, gegen aussen ein richtiges Vorzeigekind. In meinem Inneren rebellierte ich jedoch.

Meine Sinnlichkeit und Sexualität habe ich früh entdeckt. Ich erinnere mich, dass ich mit etwa acht Jahren in der Badewanne masturbierte. Mit zwölf war ich in einem Schullager. Abends gingen einige Mädchen ins Bubenzimmer und ich war dabei. Wir waren einfach neugierig und genossen es, bei den Jungs zu sein. Wir berührten und kitzelten einander, versteckten uns, rannten einander nach. Die einen küssten sich ganz zaghaft. Wir hatten es auf eine unschuldige Art wahnsinnig lustig. Bis wir entdeckt wurden. Die Lagerleitung rief meine Eltern an und schilderte den Vorfall. Als ich heimkam, fand meine Mutter meine nasse Pyjamahose in der Wäsche. Ihren furchtbar entsetzten Blick und ihre Reaktion werde ich nie vergessen. Sie schrie mich an: «Hattest du Sex?! Ist das

Sperma?!» Später erst erkannte ich hinter diesen Fragen ihre eigene Unerfahrenheit in sexuellen Dingen. Damals war ich einfach nur schockiert, schrecklich betreten und sehr verletzt. An Sex hatte ich doch überhaupt nicht gedacht. Ich war doch erst zwölf! Dass mein Pyjama nass war, lag daran, dass ich vor lauter Lachen in die Hose gepinkelt hatte.

Sex war etwas, das ich den Männern geben wollte.

Die Reaktion meiner Mutter bewirkte in mir eine Art Gegenreaktion. Ich zeigte es nicht offen, doch in mir rief alles: «Mein Körper gehört nur mir. Ich kann damit tun und lassen, was immer ich will.» Ich wollte schon früh Sex haben, um eine «Frau» zu werden, und hatte mein erstes Erlebnis mit 14, in einem Keller. Es war mit einem etwa gleichaltrigen Jungen. Ich bin nicht sicher, ob ich verliebt war. Ganz sicher war ich aber neugierig. Der Sex war nicht schön, aber das war mir damals völlig egal – Hauptsache, er hatte stattgefunden. Wegen Hautproblemen nahm ich die Pille, konnte also nicht schwanger werden. Zusätzlich verhüteten wir mit Kondomen, das war ja, als AIDS wütete. Meine Eltern hatten mich nicht genauer aufgeklärt, da sie davon ausgingen, dass ich erst nach meiner Heirat Sex haben würde.

Mit dem Mann, mit dem ich mein erstes Mal erlebte, bin ich bis heute noch in Kontakt. Wir sprechen manchmal über diese ersten gemeinsamen sexuellen Erfahrungen. Nach meiner ersten sexuellen Begegnung hatte ich einige Freunde und mit ihnen auch Sex. Es war meine Art, mit diesen Jungen und Männern in Verbindung zu treten. Sex war etwas, was ich ihnen zu geben meinte. Rückblickend denke ich, dass es damals zu Situationen kam, die die beteiligten Jungen überforderten, weil der Sex für sie möglicherweise viel zu rasch und unvermittelt kam. Ich war ja mit dem Bild im Kopf aufgewachsen, dass der Mann immer «könne», sonst sei er kein richtiger Mann. Darum dachte ich automatisch, alle Jungs wollten ständig Sex. Dass dem aber nicht so war, merkte ich erst später. Ich glaubte auch, dass eine Frau Sex mit einem Mann haben muss, damit er bei ihr bleibt. Ich dachte, sonst werde er sie verlassen oder betrügen. Gegen diesen Glaubenssatz arbeite ich immer noch an.

Wenn ich Sex hatte, genoss ich ihn sehr. Wie ich zum Orgasmus kommen kann, habe ich schon früh durch Masturbation entdeckt. Im Gespräch mit anderen Frauen habe ich später realisiert, wieviel Glück ich in dieser Hinsicht hatte. Für viele Frauen scheint es ja nicht selbstverständlich zu sein, mit sich selbst oder mit ihren Partnern Orgasmen zu erleben. Manchmal hatte ich auch ohne Sex weiche, subtile Orgasmen, zum Beispiel einmal, als ich auf einem Motorrad mitfuhr und die starken Vibrationen spürte.

Ich wollte so richtig genommen werden.

Mit 20 war ich mit einem Mann zusammen, den ich aus tiefstem Herzen liebte. Er war mein Alles: mein Seelenverwandter, mein bester Freund, mein Liebhaber, meine Vaterfigur. Ein ganzes Jahr lang waren wir zusammen auf Reisen. Mit ihm war es wunderschön, passend. In mir spulte automatisch ein Programm ab: heiraten und Kinder bekommen. Ich habe ausserhalb der Beziehung fast nicht mehr existiert. Dieser Mann war mir eine Stütze, wie das Eltern für ihr Kind sind. Wir verlobten uns, doch eigentlich wollte er mich nicht heiraten. Er verschloss sich und zog sich zurück. Vielleicht hatte er sich mir gar nie wirklich geöffnet, weil er das nicht konnte. Wir hatten Sex, aber keine eigentliche Intimität, merkte ich im Nachhinein. Nach sechs Jahren verliess er mich. Es tat mir unglaublich weh, als er die Hochzeit absagte und die Beziehung beendete. So weh, dass ich beschloss, nie mehr jemanden so nahe an mich heranzulassen. Nie. Es war also doch, wie meine Mutter mir immer gesagt hatte: «Öffne keinem Mann jemals dein Herz. Liebe nie einen Mann mehr, als er dich liebt. Und gib dich niemals ganz hin.»

Kurz darauf traf ich Walter, meinen heutigen Ex-Mann. Ich fühlte mich gebrochen und abgelehnt und war sehr bedürftig, suchte Trost. Er ebenfalls. Wir brauchten einander wie Ertrinkende, zur gegenseitigen Rettung. Bald wurde ich schwanger. Ein Jahr nach unserem ersten Treffen kam unsere Tochter zur Welt, zwei Jahre später unser Sohn. Wie für alle Eltern waren das umwälzende Erfahrungen, die unser ganzes Leben auf den Kopf stellten. Leider hatte unsere Beziehung kein Fundament. Es fehlte die emotionale Verbindung. Sexuell hätte ich mir von meinem Mann mehr Offenheit und mehr Initiative gewünscht. Ich wollte so richtig «genommen» werden und gemeinsam Neues ausprobieren. Doch wenn die Forderung nach männlicher Dominanz von der Frau gestellt wird, dann kommt die Dominanz von ihr und nicht von ihm. Walter konnte nicht darauf eingehen – und ich wollte meine Wünsche nicht aufgeben.

Tantra eröffnete mir ganz neue sexuelle Welten.

Der Funke, das gewisse Etwas, fehlte bei uns. Wir hatten während unserer gesamten Ehe Sex, auch wenn wir seelisch völlig getrennt waren. Wir haben unser Sexualleben aufrechterhalten, was uns ein Gefühl der Sicherheit gab. Es bedeutete für uns, dass die Dinge nicht so schlimm waren, wenn wir noch körperlich verbunden waren. Doch der Sex war für mich immer weniger erfüllend. Während unserer Ehe hatte ich ein paar Affären, die ich vor meinem Mann geheim hielt. Ich suchte nicht in erster Linie besseren oder anderen Sex. Ich suchte das Feuer, die Leidenschaft, das Loslassen und diese tiefe, wahre Verbindung. In meiner Ehe fühlte ich mich weder wahrgenommen noch gesehen. Deshalb hatte ich kein schlechtes Gewissen, als ich ausserhalb nach dem suchte, was ich bei meinem Mann vermisste. Aber natürlich fand ich es nicht in One-Night-Stands oder kurzlebigen Affären.

Im Zusammenhang mit meiner spirituellen Praxis lernte ich *Tantra* kennen. Ich besuchte *Tantra*-Kurse und nahm an einem Frauenkreis teil. Dort eröffneten sich mir ganz neue sexuelle Welten. Ich hatte zum Beispiel einmal einen Ganzkörper-Orgasmus von einer *Yoni*-Massage, die mir eine andere Frau gegeben hat. Wir übten mit dem *Yoni-Ei*, wie sich die verschiedenen Stellen in der *Yoni* genau anfühlen und stimulieren lassen. Als ich Walter davon erzählte, reagierte er eifersüchtig, beleidigt und mit Rückzug. Er wollte nichts von meinen Erlebnissen wissen. Ich machte all diese wunderbaren neuen Erfahrungen und ahnte, wie viel es zu entdecken gäbe, in sexueller Hinsicht und im Leben überhaupt – und konnte sie nicht mit ihm teilen. Walter und ich versuchten es mit einem Online-*Tantra*-Kurs, aber es war nicht sein Ding. Schliesslich probierten wir es mit der Öffnung der Ehe. Doch auch das brachte uns nicht weiter. Walter war nicht bereit für diesen Weg, der sehr viel Transparenz und Ehrlichkeit mit sich und anderen erfordert hätte. Mir wurde klar, dass unser Beziehungszyklus zu Ende war und wir beide darunter litten, dass wir zusammenblieben und unterschiedliche Dinge vom Leben wollten. Ich lernte einen anderen Mann kennen, mit dem ich eine sehr tiefe und intensive emotionale Beziehung hatte. Das war der Auslöser dafür, dass ich Walter verliess und auszog. Meine Kinder waren am Anfang wütend auf mich, weil ich ihren Vater mit einem anderen Mann betrogen hatte. Doch später waren sie erleichtert darüber, dass wir uns endlich getrennt hatten.

Ich fühle mich gesehen und enorm begehrt.

Als ich meinen jetzigen Partner Jonas kennenlernte, traf ich auch andere Männer, mit denen ich nicht in einer ernsthaften Beziehung war. Einem Mann war ich allerdings emotional nahe. Ich habe mir vorgestellt, beide Beziehungen – zu ihm und zu Jonas – parallel zu pflegen und mit beiden Männern Sex zu haben. Wir kommunizierten offen darüber. Doch mein Körper machte plötzlich und für mich überraschend nicht mehr mit. Wenn ich mit dem zweiten Mann zusammen war, verkrampfte sich meine Vagina und wir konnten rein physisch keinen Sex haben. So etwas hatte ich vorher noch nie erlebt!

Von Jonas fühle ich mich gesehen und enorm begehrt. Er ist ein Mensch, der sehr bei sich selbst ist. Das gibt mir den Raum, auch bei mir selbst zu sein. Wir können über alles reden, auch über unsere sexuellen Fantasien und Wünsche, und probieren vieles zusammen aus. So entwickeln wir uns miteinander. Mit ihm erfahre ich – anstelle der mir bekannten punktuellen orgastischen Höhepunkte – höchst lustvolle und wiederkehrende lange Wellen der Ekstase. Ich bin so glücklich darüber, dass ich diese Art von Sexualität erleben kann. Und gleichzeitig fühle ich manchmal tiefe Trauer, dass ich diese Erfahrung nicht schon früher machen konnte. Wir leben eine Beziehung, in der wir unsere Bedürfnisse und Wünsche äussern können. Derzeit sind wir uns einig, dass unsere Beziehung exklusiv ist und wir keine anderen Sexualpartner haben, bis diese Vereinbarung überdacht werden muss. Das hat einerseits wohl mit der Tiefe und Schönheit all dessen zu tun, was wir miteinander erfahren, und andererseits mit rein praktischen Gründen wie dem Zeitmanagement.

Falls eine gewisse gegenseitige Anziehung da ist, kann ich mit jedem Mann Sex haben und komme auch zum Orgasmus. Aber dieses Verschmelzen, diese Hingabe, das ist mir nur mit wenigen Menschen möglich. Vielleicht hat es mit Liebe zu tun? Aber was ist eigentlich Liebe? Sex ohne Liebe ist möglich und Liebe ohne Sex. Und beides zusammen. Aber was Liebe ist, das kann ich nicht wirklich sagen. Vielleicht gibt es gar keine Worte dafür. Sex muss für mich aus einer Verbindung heraus entstehen. Es geht auch ohne diese Verbundenheit, dann ist es aber eine Art «mechanischer» Sex, der für mich mittlerweile nicht mehr so interessant ist.

Ich bin sehr dankbar für meine sexuelle Reise, für alles, was ich bis jetzt entdecken konnte. Einerseits geniesse ich das Spielerische und die

Kinky-Seite der Sexualität, dazu gehört auch Sex-Spielzeug aller Art. Inzwischen habe ich einige Erfahrung damit. *Dildos* benutze ich beispielsweise seit meiner Jugendzeit. Einmal habe ich eine Sex-Toy-Party bei mir zuhause veranstaltet. Meine Kinder waren auch im Haus – schlafend in ihren Zimmern – und ich habe sogar meine Mutter eingeladen ...

Sex zu dritt kann sehr reizvoll sein.

Zurzeit benutze ich meinen Vibrator selten. Mit der Zeit empfand ich eine Desensibilisierung der Vagina, da die Stimulation durch das Gerät sehr intensiv ist – viel stärker als die Stimulation durch Hände. Momentan gefällt mir die Stimulation durch den *Anal-Plug* sehr. Im Analsex gibt es für mich noch ganz viel zu erfahren. Vom *Squirten* hörte ich vor einigen Jahren und machte mich dann selbst schlau, zumindest theoretisch. Mit Jonas gelingt es mir und mittlerweile mache ich es sehr gerne. Beim *Squirten* erfahre ich diese starken, mitreissenden Wellen der Lust, ohne Höhepunkt. Bei mir geht das *Squirten* momentan am besten, wenn mein Partner mich mit der Hand beim G-Punkt stimuliert. Ich finde, der Nektar der Frau ist so faszinierend!

Es gibt vieles, was ich noch entdecken möchte. Beispielsweise würde ich mich gerne eingehender mit der japanischen Fesselkunst *Shibari* befassen. Und es könnte auch sein, dass ich mal einen Swingerclub besuche, einfach aus Neugier und Interesse. Sex zu dritt kann auch sehr reizvoll sein. Bisher erlebte ich das einmal mit einem Pärchen, das ich auf einer Dating-App kennengelernt hatte . Es machte Spass und war bereichernd. Gleichzeitig hielt ich einen gewissen Abstand, weil ich mich nicht zu sehr in die Beziehungsdynamik des Paares einmischen wollte. Es würde mich auch reizen, die langsamere und energetische Seite der Sexualität, also *Slow Sex*, tiefer und umfassender zu erfahren.

Solange ich lebe und gesund bin, kann ich mir nicht vorstellen, dass meine sexuelle Entdeckungsreise irgendwann zu Ende sein könnte. Es hat mich noch nie beschäftigt, welche Lebens- oder Verhaltensweise für mein Alter angemessen wäre. Oft vergesse ich mein Alter, weil ich mich jünger fühle. Ich spüre dieses Feuer in mir, das ganz stark brennt.

IM GESPRÄCH MIT TANJA AESCHLIMANN

«Verletzlichkeit schafft Verbindung.»

TANJA AESCHLIMANN, 25 JAHRE ALT – FACHFRAU GESUNDHEIT, ZERTIFIZIERTE TANTRAMASSEURIN, LOMI BODYWORK PRACTITIONER IISB®, SEXOLOGICAL BODYWORKERIN IISB®, SOMATISCHE SEXUALBERATERIN

Tanja Aeschlimann, wie kam es dazu, dass Sie das Thema Sexualität zu Ihrem Beruf gemacht haben?
Sexualität hat schon früh in meinem Leben eine wichtige Rolle gespielt. Meine erste Sexualerfahrung war ein sexueller Missbrauch in meiner Jugend. Anfangs war die Sexualität für mich mit viel Schmerz und mit Gefühlen wie Schuld und Scham verbunden und hatte nichts Freudvolles an sich. Das änderte sich, als ich mit 19 Jahren meine erste *Tantramassage* empfangen durfte. Dadurch wurde Sexualität für mich zu einem Thema, dem ich auf den Grund gehen wollte. Bei dieser für mich neuen, tief berührenden, *sexpositiven* Erfahrung habe ich Feuer gefangen. So begann mein Weg durch diverse Ausbildungen: Vor allem für mich selbst und für meine eigene Persönlichkeitsentwicklung besuchte ich zunächst *Tantra*-Kurse und absolvierte eine Ausbildung zur *Tantramasseurin*. Erst später kam bei mir der Wunsch auf, anderen Menschen positive Erfahrungen in Bezug auf ihre Sexualität zu ermöglichen, so wie ich es erlebt hatte. Daraus ist meine Praxis «Herzensreise» entstanden. Mein Leid und Schmerz waren der ursprüngliche Antrieb zu dem, was heute daraus entstanden ist, und ein Teil von mir ist darum auch für diese Erfahrungen dankbar.

Sie bieten in Ihrer Praxis einen Frauenkreis unter dem Namen «Venuszeit» an. Was kann man sich darunter vorstellen?
Ich habe mir immer gewünscht, dass Frauen einen Raum haben, in dem sie zusammenkommen und sich offen über ihre Themen in Bezug auf Sexualität austauschen können. Mit der «Venuszeit» habe ich diese Vision realisiert. Eine Gruppe von bis zu acht Frauen trifft sich an sechs Abenden. Bei der Gestaltung dieser Abende verfolge ich keinen vorbestimmten Ablauf, sondern gehe mit dem Flow. Ich richte mich nach den Persönlichkeiten, den Wünschen und Bedürfnissen der Teilnehmerinnen. So kreieren wir zusammen unseren gemeinsamen Weg. Wichtig ist der offene Austausch unter den Frauen, der in diesem geschützten Rahmen möglich wird. Jede Person kann sich einbringen und wir lernen voneinander.

Mit welchen Themen befassen Sie sich im Frauenkreis?
Das ist ganz unterschiedlich und individuell. Wissensvermittlung ist ein wichtiger Teil, beispielsweise zum Thema Beckenboden. Eine häufige Frage ist auch: Wie möchte ich meine Sexualität eigentlich leben? Mit anderen Menschen oder alleine? Wann, wie häufig und wie lange wünsche ich mir sexuelle Erlebnisse? Welche Art von Berührung und Zärtlichkeit gefällt mir, welche nicht? Bei solchen Fragen gibt es keine richtigen oder falschen Antworten. So ist es beispielsweise eine ganz individuelle Ansicht, ob für Sexualität überhaupt ein Gegenüber notwendig ist. Manchmal kann durch die Anwesenheit einer zweiten Person Druck entstehen, dass etwas Bestimmtes geschehen müsste. Dieser Druck fällt bei der Selbstliebe weg und manche Menschen haben den für sie besten Sex mit sich selbst …

Machen Sie mit den Teilnehmerinnen auch körperliche Übungen?
Ja, zwei zentrale Themen in der letzten Frauengruppe waren Selbstbestimmung und Abgrenzung bei Begegnungen und den damit verbundenen Berührungen. Ein wichtiger Aspekt dabei ist das Körperbewusstsein, das wir vertieft und von vielen Seiten her erforschen. Wir machen in der Gruppe verschiedene Körperwahrnehmungsübungen, Selbstlieberituale, geben einander Massagen und erspüren den Unterschied zwischen Selbst- und

Fremdberührungen. Am letzten der sechs Abende, als sich die Teilnehmerinnen schon kannten, haben wir uns gegenseitig eine Genitalmeditation geschenkt. Das sind langsame und repetitive Berührungen der Vulva. Ich habe drei unterschiedliche Streichungen gezeigt, die dann je eine Viertelstunde lang mit gleichbleibendem Druck und Geschwindigkeit einander geschenkt wurden. Durch die Wiederholungen kann sich der Körper intensiv auf die Berührung einlassen und in die Entspannung gehen. Manche Teilnehmerinnen gelangen dabei in einen tranceähnlichen Zustand. Es geht um eine absichtslose Berührung, bei der Erregung nicht das Ziel ist. In einer Gruppe die nötige Nähe und Intimität für eine Genitalmeditation zu erschaffen und zulassen zu können, setzt viel Vertrauen voraus und ich führe sie deshalb nur durch, wenn es für alle stimmig ist.

Haben Sie auch männliche Kunden?
Ja, in meine Praxis kommen – für individuelle Beratungen, Körperarbeit oder Massagen – etwa 40 Prozent Frauen und 60 Prozent Männer. Ich biete auch Männerabende an, die auf viel Interesse stossen. Ich bin oft sehr berührt von der Offenheit und dem freien Austausch, der unter Männern in diesem geschützten Raum möglich wird. Wir lernen unter anderem eine Genitalmassage für Frauen und üben an nichtmenschlichen Modellen. Ich habe den Kurs für «Menschen mit Penis» ausgeschrieben, sodass sich auch *non-binäre* Menschen oder *Transmänner* angesprochen fühlen.

Warum setzen sich Menschen Ihrer Meinung nach mit ihrer Sexualität auseinander? Was ist ihr Antrieb?
Bei vielen Menschen, mit denen ich arbeite, habe ich das Gefühl, dass der Leidensdruck die Hauptmotivation ist, die sie zu mir bringt. Ich begegne aber auch Klienten und Klientinnen, die kein eigentliches Problem haben und sich aus Wissensdurst mit ihrer Sexualität beschäftigen möchten.

Menschen, die sich in ihrer Verletzlichkeit zeigen, berühren mich. Verletzlichkeit schafft Verbindung. In der Essenz geht es immer wieder darum, sich selbst besser spüren zu lernen und in die Entspannung zu kommen. Entspannung kann man – wie übrigens auch Sexualität – bewusst lernen. Meine Arbeit besteht hauptsächlich darin, die Menschen dabei zu unterstützen, in ihrem Körper wirklich da zu sein, präsent zu sein. Diese Verbindung zu sich selbst ist eine wichtige Voraussetzung, um Erregung zu spüren und Orgasmen in ihrer Tiefe und Schönheit zu erfahren. Dabei hilft es, innere Widerstände zu erkennen, sie zu verstehen und zu verwandeln. Das bewusste Atmen ist bei dieser Transformationsarbeit ein wichtiger Faktor, damit Entspannung überhaupt möglich wird. Im Kontakt mit meinen Klientinnen und Klienten versuche ich, nicht von festen Vorstellungen auszugehen, sondern sie ganz konkret zu fragen, was sie gerade erleben. Was tut ihnen gut, was nicht? Menschen mit ihrem Körper zu verbinden, sehe ich als meine Hauptaufgabe. Es gibt aber auch Kundinnen und Kunden, die kein bestimmtes Anliegen haben, sondern einfach eine *Tantramassage* buchen, weil sie sich bewusst etwas Gutes tun und sich etwas Liebevolles gönnen möchten.

Wie alt sind die Männer und Frauen, die zu Ihnen kommen?
Es sind Menschen zwischen 18 und 70 Jahren. Kürzlich kam eine 65-jährige Frau in eine Beratung. Sie sagte, sie hätte noch nie in ihrem Leben einen Orgasmus erlebt und wolle das erlernen und erfahren. Dafür braucht es eine gewisse Entschlossenheit und Intention, Zeit und den Fokus auf das Üben. Aber in der Sexualität sind ausserdem Verspieltheit, Forschungslust und kindliche Neugierde extrem wichtige Komponenten. Die Auseinandersetzung mit der Sexualität soll ja auch lustvoll sein.

Was haben Sexualität und Liebe miteinander zu tun – wenn überhaupt?
Liebe ist ein Wort, das oft gebraucht wird, und jeder Mensch versteht darunter etwas Anderes, etwas Eigenes. Ich bin noch am Suchen, was Liebe für mich genau bedeutet. Für mich ist es wichtig, jeweils zu umschreiben, was ich genau damit meine, und das Wort Liebe nicht einfach so zu benutzen. In Bezug auf die Sexualität frage ich mich jeweils: Spüre ich eine Verbindung mit meinem Gegenüber und habe ich eine innere

Zustimmung, dass ich mit diesem Menschen jetzt diesen Raum des sexuellen Zusammenseins kreieren möchte? Habe ich den Wunsch, jetzt diesem Menschen und mir selbst nah zu sein? Möchte ich mit ihm in die Tiefe tauchen oder lieber an der Oberfläche weilen?

Und zum Schluss: Was bedeutet Sexualität für Sie persönlich?
Sexualität hat für mich verschiedene Facetten. Zum einen ist sie für mich eine Art Spielplatz, auf dem ich mich wie ein Kind austoben, erfinderisch sein und Freude empfinden kann – manchmal allein, manchmal zusammen mit anderen Menschen. Manchmal kann sie eine Triebbefriedigung sein, bei der es mir in erster Linie um Entspannung geht. Sexualität kann aber auch Verletzlichkeit beinhalten, dann nämlich, wenn ich mich so zeige, wie ich bin, und nicht einfach einen Modus anschalte und sozusagen automatisch laufen lasse. Es geht dann um eine Verbindung mit mir selbst und mit meinem Gegenüber. Die Erkenntnis, dass die eigene Sexualität oft mit der Geschichte der Herkunftsfamilie in Verbindung steht, war schmerzhaft für mich. Durch die intensive Auseinandersetzung mit Sexualität und die grosse Bereitschaft, meine eigene Lust und Tiefe zu erfahren, habe ich viel gelernt und ich freue mich, mein Wissen mit den Menschen zu teilen und durch die Begleitung anderer auch selbst immer weiter zu wachsen.

MEINE GESCHICHTE – MARIANNA

«Es war für mich vorstellbar, auf Sex zu verzichten.»

MARIANNA, 52 JAHRE ALT, VERHEIRATET, LEBT MIT IHRER FRAU SOFIA (42).

Ich bin in einem kleinen Dorf in den Bergen aufgewachsen. Meine erste Begegnung mit Sexualität hatte ich im Alter von neun Jahren, als ich von meinem 16 Jahre alten Cousin missbraucht und vergewaltigt worden bin. Das hielt über ein Jahr lang an und hat meinen restlichen Lebensweg sehr stark geprägt. Nach einer Blinddarmoperation war ich für längere Zeit geschwächt und so gelang es mir, mich den Übergriffen meines Cousins zu entziehen. Ich habe geahnt, dass das, was mein Cousin mit mir machte, nicht in Ordnung war, aber ich konnte es damals natürlich nicht richtig einordnen. Erst als ich mit zehn Jahren in der Schule aufgeklärt wurde, habe ich einigermassen verstanden, was mir passiert war. Ich habe im Unterricht realisiert, dass aus dem, was mir widerfahren war, Kinder entstehen können. Von diesem Moment an hatte ich eine wahnsinnige Angst, dass ich schwanger sein könnte. Das mag heute verrückt klingen, dass ich nach Jahren noch fürchtete, schwanger zu sein. Aber damals – es gab ja noch kein Internet – hatte ich keine Möglichkeit, mich zu informieren und herauszufinden, wie lange eine Spermazelle überleben kann. Ich hatte keine Bezugsperson, die ich hätte fragen können. Ich kann mich noch erinnern, dass ich bei meiner Firmung einen Ausflug in eine Wallfahrtskirche gemacht habe und man sich dort etwas wünschen durfte. Und ich habe mir innigst gewünscht, dass ich bitte, bitte kein Kind bekomme.

Erst mit 14, 15 Jahren habe ich endlich verstanden, dass das nicht mehr möglich war. Jahrelang habe ich in ständiger Furcht gelebt. Es war so anstrengend für mich! Mit 13, 14 Jahren bin ich ganz oft kollabiert. Nicht bei körperlicher Anstrengung, sondern beispielsweise in der Schule bei Prüfungen – ich kippte weg, fiel einfach vom Stuhl. Mein Arzt meinte, ich solle doch Sport treiben, und ich folgte seinem Rat. Ich bin auf Berge gekraxelt und wieder runter, habe alles Mögliche gemacht und mir ein Rennrad gekauft. Die körperliche Anstrengung hat mir sehr gut getan. Mit 19 bin ich von zuhause ausgezogen und habe angefangen, so richtig intensiv Radsport zu treiben. Körperlich war es toll, weil ich mich dabei total auspowern konnte, und auch mental hat es mir viel gegeben. Das Ausdauertraining hatte etwas Meditatives.

Die Anspannung hielt auch über den Orgasmus hinaus an.

In dieser Zeit habe ich mich in einen jungen Mann verliebt, der genauso verrückt nach dem Radfahren war wie ich. Wir sind eine Beziehung eingegangen und mit ihm hatte ich meine erste sexuelle Erfahrung nach dem Missbrauch. Wir hatten Sex miteinander, aber das Wichtigste in unserer Beziehung war eindeutig der Radsport, bei dem ich inzwischen auf nationaler Ebene erfolgreich war. Mein Partner und ich haben unser ganzes Leben danach ausgerichtet: Wann trainieren? Wann erholen? Was essen und wann? Alles wurde im Hinblick aufs Radfahren und die Wettkämpfe optimiert.

Meinem Partner habe ich nicht von Anfang an von den Übergriffen meines Cousins erzählt. Erst viel später habe ich ihn eingeweiht. Das war, als ich gemerkt habe, dass es bei mir in der Sexualität nicht so ist wie bei anderen Menschen. Ich hatte beim Sex zwar einen Orgasmus, aber ich fühlte mich danach nie befreit oder erleichtert. Viel eher war es so, dass die Anspannung auch über den Orgasmus hinaus weiterhin bestehen blieb und sich nicht auflöste. Mein Partner meinte zum Missbrauch, dass es besser sei, kein grosses Aufheben darum zu machen. Dann sei das Vorgefallene ja auch weniger schlimm ... Mir hat seine Haltung natürlich nicht geholfen. Ich hätte jemanden gebraucht, der sich meine Erlebnisse verständnisvoll anhört und mir Mitgefühl entgegenbringt. Aber das war ihm nicht möglich. Diese Partnerschaft hat mir weder auf körperlicher Ebene noch sonst die Sicherheit vermittelt, die ich damals gebraucht hätte. Erst viel später habe ich verstanden, was Beziehung und Verbundenheit zwischen Menschen eigentlich heissen kann.

Mit knapp 30 Jahren habe ich beschlossen, mit dem Radsport aufzuhören, weil ich ein normaleres, weniger durchgetaktetes Leben führen wollte. Meine Entscheidung hat unserer Beziehung die wichtigste Grundlage genommen und wir haben uns getrennt. Danach begann eine chaotische Zeit für mich. Zwar habe ich mit Männern geflirtet, aber ich war nicht wirklich bereit für eine neue Liebesbeziehung. Zu jener Zeit wurden sexuelle Übergriffe durch katholische Kirchenmänner vermehrt in den Medien thematisiert, was sehr schwierig für mich war. Alte Erinnerungen kamen wieder hoch und belasteten mich sehr.

Ich bin in eine Ordensgemeinschaft eingetreten.

Alle meine Arbeitsstellen, die ich auch schon während meiner Phase als Radrennfahrerin hatte, waren sehr kirchennah. In der katholischen Kirche habe ich die Stabilität und Sicherheit gefunden, nach der ich mich gesehnt habe. Ich habe einen Meditationskurs besucht, der von der Kirche angeboten wurde, und dabei gemerkt, dass das Meditieren mir sehr entspricht. Dieses Erlebnis war wie eine Art Tor für das, was später gekommen ist. Etwa zehn Jahre lang habe ich immer wieder Ordensgemeinschaften besucht. Ich habe realisiert, dass ich dort andere Frauen finden könnte, die wie ich nach Lebendigkeit suchten und nach einer Gemeinschaft, die Sicherheit gibt. Mit der Zeit konnte ich mir immer besser vorstellen, einer

Ordensgemeinschaft beizutreten. Mit anderen Frauen auf dem Weg zu sein, das Gleiche zu suchen, das fand ich faszinierend. Es war für mich vorstellbar, dafür das Keuschheitsgelübde abzulegen und auf Sexualität mit anderen Menschen zu verzichten. Wohl auch weil das, was ich bisher auf diesem Gebiet erlebt hatte, mich nicht so wahnsinnig befriedigt hatte.

Viel mehr Gedanken als um das Keuschheitsgelübde machte ich mir um den Gehorsam, den ich geloben musste – weil ich mich als kritische Person kannte, die alles hinterfragt. Meine eigenen Ideen konnte ich nicht einbringen, sondern war stets an die rigiden Strukturen des Ordens gebunden. Und dennoch habe ich den Schritt gewagt und bin in eine Ordensgemeinschaft eingetreten. Es war übrigens nicht so, dass es in der Ordensgemeinschaft keine Körperlichkeit gab. So haben wir einander dort öfters umarmt als ich es davor im sogenannt normalen Leben erfahren habe. Die Mitschwestern trösten einander, man sitzt nebeneinander und berührt sich. Man teilt Freuden und Traurigkeit und dazu gehören natürlich auch Berührungen. In der Ordensgemeinschaft gibt es körperliche Erfahrungen, auch intensive Beziehungen, die durchaus, meist unbewusst, eine sexuelle Färbung haben können, zum Beispiel, wenn jemand angehimmelt wird. Aber es gibt auch ganz klare Grenzen, die nicht überschritten werden sollten.

Ich habe eine tiefe Verbundenheit mit ihr gespürt.

Vieles im Orden hat für mich sehr gut gepasst und ich war zunächst sehr glücklich darüber, einen Ort gefunden zu haben, wo ich es mir vorstellen konnte, den Rest meines Lebens zu verbringen. Nach einiger Zeit ging es mir allerdings nicht mehr gut. Ich hatte depressive Phasen und konnte nicht genau sagen, woran es lag. Die Ordensleitung, die sehr aufgeschlossen war, riet mir zu einer Psychotherapie. Das rechne ich ihr hoch an, denn diese offene Haltung ist in der katholischen Kirche nicht selbstverständlich. Die Therapie hat gefruchtet und mich viel besser im Leben verankert. Einerseits habe ich wieder Stabilität gefunden, andererseits hatte ich immer noch meine grossen Fragen, die in Konflikt mit dem Gehorsam standen, der von mir erwartet wurde. Meine Fragen bezogen sich nicht nur auf die Gemeinschaft, sondern auch auf die Kirche, denn vieles sah ich anders. Auch belastete es mich, dass der Altersdurchschnitt in der Gemeinschaft sehr hoch war. Es kamen nur ganz wenige junge Frauen nach und das hat bei mir Fragen nach meiner Zukunft aufgeworfen. Ich habe mir vorgestellt, dass ich mich in 20 Jahren um 100 greise Ordensfrauen kümmern müsste. Nicht dass ich mir das nicht zugetraut hätte, aber immer mehr habe ich das Gefühl bekommen, dass es im Leben noch andere Aufgaben für mich geben könnte.

Zu jener Zeit habe ich Sofia, eine junge Frau aus einer anderen Ordensgemeinschaft, kennengelernt und mich sofort mit ihr auf einer Ebene verstanden, wie es mir vorher mit niemandem möglich war. Sie lebte ganz woanders, aber das spielte keine Rolle. Da war diese grosse Verbundenheit. Wir konnten uns über alles austauschen. Es hat jedoch noch viele Monate gedauert, bis ich in den Gesprächen mit meiner Therapeutin schliesslich realisiert habe, dass ich mich in Sofia verliebt hatte. Wohl auch weil ich bis zu diesem Moment nie auf die Idee gekommen wäre, eine Liebesbeziehung zu einer Frau einzugehen. Es war schlicht unvorstellbar für mich! Ich war einerseits erstaunt, andererseits aber auch begeistert, von dem, was mir, was uns geschah. Da habe ich meinen ganzen Mut zusammengenommen und Sofia bei einem Treffen gestanden, dass ich mich in sie verliebt hatte. Auch Sofia konnte am Anfang ihre Gefühle für mich nicht richtig einordnen oder verstehen – es ging ihr genauso wie mir.

Ich habe Kontakt zu einem Frauenpaar gesucht, das das vorlebte, was auch ich mir wünschte. In Gesprächen mit ihnen ist mir bewusst geworden, dass Sofia die Person ist, mit der ich mein restliches Leben teilen wollte. Mir das einzugestehen, war ein grosser Schritt für mich. Sofia war sich schon seit Längerem darüber im Klaren, dass das Leben im Orden für sie nicht das Richtige war, und sie bereitete sich auf ihren Austritt vor. Auch bei mir kamen immer mehr Fragen auf bezüglich der in vielen Belangen weltfremden Haltung der katholischen Kirche. Ich war mir immer weniger sicher, ob ich ein Kernteil von ihr sein wollte. Nach vier Jahren in der Ordensgemeinschaft bin ich ebenfalls ausgetreten. Das war unglaublich schwierig für mich. Von meinen Mitschwestern kam mir viel Trauer und Enttäuschung entgegen, was ich nachvollziehen konnte, weil ich das Gleiche fühlte.

Einander zu umarmen und zu spüren,
ist wahnsinnig schön.

Sofia und ich haben uns gegenseitig durch diese für uns beide schwierigen Zeiten getragen. Wir wollten mutig sein und es wagen, an unsere Beziehung zu glauben, ihr eine Chance zu geben, zusammen zu wohnen und unser Leben zu teilen. Auch körperlich haben wir uns angenähert. Wir waren dabei fast wie Teenager, die ihre ersten Erfahrungen machen. So sind wir sachte in die Beziehung hineingewachsen. Heute fühlen wir uns viel sicherer, können uns Geborgenheit schenken, Sexualität teilen, vor allem aber auch Körperlichkeit. Wir beide brauchen diese Nähe sehr. Einander zu umarmen und zu spüren, dass es so passt, und sich fallen zu lassen – das ist einfach wahnsinnig schön! Ich sehe Parallelen zur Meditation, bei der ich mich früher schon sehr geborgen fühlte. Aber das Gefühl dabei war nicht so real, wie es beim Zusammensein mit einem Menschen ist. Mit meiner Frau spüre ich es jetzt umso intensiver. Ich bin so dankbar dafür, dass wir unseren Weg zusammen gehen können. Jetzt sind wir acht Jahre zusammen und haben letztes Jahr geheiratet.

Inzwischen bin ich aus der katholischen Kirche ausgetreten, weil all die Missbrauchsskandale für mich so schwer zu ertragen waren. Mit meiner Mutter habe ich erst vor ein paar Jahren über das Vorgefallene gesprochen.

Sie war betroffen, aber die tatsächlichen Auswirkungen auf mein Leben kann sie nicht nachvollziehen. Die Vergehen meines Cousins sind verjährt und ich konnte keine Massnahmen und keine Strafe erwirken. Er lebt immer noch im selben Dorf wie meine Mutter und hat sich zum katholischen Diakon weihen lassen, arbeitet mit Familien und Kindern ...

Vor fünf Jahren bin ich an Brustkrebs erkrankt.

Es ist für mich immer noch wichtig, in einer glaubenden Grundhaltung zu leben, die allerdings wenig mit der Institution der Kirche zu tun hat. Zusammen mit Sofia habe ich ein Projekt aufgebaut, das einen landwirtschaftlichen Betrieb und soziale Projekte in der Landwirtschaft umfasst. Ich liebe es, körperlich zu arbeiten und draussen zu sein. Sofia und ich haben schon viel zusammen erlebt und durchgemacht. Vor fünf Jahren bin ich an Brustkrebs erkrankt und habe eine Brust verloren. Diese schwierige Zeit gemeinsam durchzustehen, hat uns noch deutlicher gezeigt, wie viel wir aneinander haben. Das Miteinandergehen, sich vollkommen aufeinander verlassen können – das möchte ich nicht missen und Sofia und ich bemühen uns aktiv darum, dass es so bleibt. Unsere Beziehung gibt uns Sicherheit, aus der heraus wir noch viel Neues wagen wollen.

MEINE GESCHICHTE – LINDA

«Ich habe jahrzehntelang Orgasmen vorgetäuscht.»

LINDA, 61 JAHRE ALT, IST MIT GREGOR (61) VERHEIRATET, HAT DREI ERWACHSENE KINDER UND LEBTE EINE ZEIT LANG POLYAMOR MIT DANILO (48).

Ich bin ohne Worte für Sexualität aufgewachsen. In meiner Vorstellung hatten meine Eltern keinen Sex, um uns Kinder zu zeugen. Keine Ahnung, wie sie uns trotzdem bekommen haben! Nie habe ich einen Hauch von Erotik zwischen meinen Eltern verspürt und wenn ich es mir recht überlege, könnte diese Aussage auch von meinen eigenen Kindern stammen. Ich glaube nicht, dass sie je gedacht haben, dass ihren Vater und mich eine starke sexuelle Anziehungskraft verbindet. Als sie noch klein waren, habe ich sie oft als Ausrede benutzt, wenn ich keinen Sex wollte: «Nein, nicht jetzt, die Kinder könnten schon wach sein und ins Zimmer platzen.» Oder: «Nein, wir könnten die Kinder wecken.»

Ich habe den Mann geheiratet, mit dem ich zum ersten Mal Sex hatte. Ich glaube, in meiner Generation ist das gar nicht so selten wie man vielleicht denkt. Mit 20 Jahren hatte ich Sex mit Gregor, mit dem ich vier Monate lang zusammen war, den ich aber schon länger kannte. Ich war froh, endlich auch einen festen Freund zu haben. Als junges Mädchen habe ich mich oft darüber geärgert, dass – so wie es schien – alle einen Freund hatten, nur ich nicht. Aber ich war anspruchsvoll. Ich wollte jemanden, der intelligent war, mit dem ich mich über viele verschiedene Themen austauschen konnte, der sich für Musik, Kunst und Filme interessierte, der offen und neugierig war. Und jemand, der an die Gleichberechtigung von Mann und Frau glaubte. Das war damals nicht selbstverständlich.

Natürlich musste er mir auch optisch gefallen, aber die erotische Anziehungskraft zählte nicht zu meinen Hauptkriterien. Heute staune ich selbst darüber, aber so war es damals nun mal.

Meine Mutter sagte, die meisten Jungs hätten böse Absichten.

Als Kind von portugiesischen Gastarbeitern bin ich im Glauben aufgewachsen, dass meine Jungfräulichkeit ein wichtiges Gut sei, das ich nicht leichtfertig verspielen sollte. Und sie war ja schnell verspielt: Eine einzige falsche Entscheidung und aus einer vielversprechenden Zukunft würde ein Leben in Schande werden. So deutlich hat mir das meine Mutter allerdings nie gesagt, da hätte sie in die Details gehen müssen und das war ihr wohl zu viel, und mein Vater redete sowieso nie über solche Themen. Ich habe meine Menstruation sehr früh bekommen, mit elf Jahren, und war nicht aufgeklärt. Weder wusste ich irgendetwas über die Periode noch über Sex. Eines Tages hatte ich in der Schule Blut in der Unterhose und habe einen Riesenschreck bekommen. Zum Glück war es nur wenig. Als ich zuhause meiner Mutter voller Angst davon erzählt habe, meinte sie, von jetzt an müsse ich sehr vorsichtig im Umgang mit Jungs sein. Die meisten hätten nämlich böse Absichten und diese müsse ich abwehren. Was die Jungs genau von mir wollten, das hat sie mir nie erklärt. Sie sagte mir, wenn ich mit einem Jungen ins Bett gehen würde, könnte ich ein Baby bekommen und das sei ganz schlimm, wenn man nicht verheiratet sei. Eine Zeit lang habe ich tatsächlich geglaubt, wenn ich mich neben einem Jungen in die Horizontale legen würde, könnte ich schwanger werden. Dass die Geschlechtsteile involviert sein mussten, wusste ich gar nicht. Das hat bei mir zu abstrusen Hirngespinsten geführt. So habe ich mich eine Weile lang gefragt, ob man sich wirklich hinlegen müsste oder ob es auch schon reichen würde, wenn man sich auf einer Bank ein wenig nach hinten neigen würde. Unglaublich, diese Unwissenheit! Später haben mich dann die anderen Mädchen in der Klasse aufgeklärt. Zum Glück, sonst würde ich mich wohl heute noch nicht neben einen Mann auf eine Bank setzen!

Als ich ein Kind war, fand meine Mutter, dass meine Leistengegend zu dunkel war, und hat mich dort immer besonders gründlich eingeseift. Ich hatte immer das Gefühl, ich sei wohl schmutzig dort. Meinen Busen fand ich immer schön, meinen Po auch, aber meine Scheide mochte ich nicht und habe sie eigentlich nie betrachtet und nie freiwillig berührt. An Selbstbefriedigung habe ich nur eine vage Erinnerung aus meiner Kindheit. Ich habe mich mit etwa vier Jahren an einem Stuhl gerieben. Meine Mutter hat mich gesehen und schrie mich an, ich solle das sofort sein lassen. Ihr Schimpfen ging mir durch Mark und Bein und ich bin zu Tode erschrocken. Von da an habe ich mich jahrzehntelang nie mehr angefasst.

Beim Sex war es, als würde ich eine Rolle spielen.

Meiner Mutter bin ich nicht böse. Sie wurde sicher nie richtig aufgeklärt und war immer sehr schamhaft. Meine Eltern hatten nie die Möglichkeit, eine umfassende Ausbildung zu geniessen. Ich dafür umso mehr. Ich war immer ein wissbegieriger Mensch. Aber seltsamerweise nicht auf dem Gebiet der Sexualität, die für mich immer etwas im Dunkeln blieb. Eigentlich bin ich bis heute am Aufholen.

Aber zurück zu meinem ersten Sexerlebnis. Es ist mir seltsamerweise nicht gross in Erinnerung geblieben. Ich weiss, dass ich es erleben wollte, dieses erste Mal. Ich wollte endlich auch dazugehören, aber ich stand oder lag wie neben mir. Es schien mir nicht, dass ich selbst involviert war, eher dass es mit mir geschah, auch wenn ich beteiligt war. Und lange Zeit blieb es so. Ich verhielt und bewegte mich so, wie ich dachte, dass es wohl sein müsse. Wie ich es in romantischen Filmen gesehen hatte. Erfahrung mit Pornos hatte ich ja keine. Es war, als würde ich eine Rolle spielen. Ich wollte für meinen Freund begehrenswert sein und habe mich nicht gefragt, was mir überhaupt gefallen könnte, und dabei hätte ich mich als Feministin bezeichnet. Dass die Selbstbestimmung der Frau bei ihrem eigenen Körper beginnt, wusste ich, aber ich habe das eher auf Themen wie Verhütung, Abtreibung und Gewalt bezogen als auf meine eigene sexuelle Erfüllung. Seltsam, nicht?

Nach der ersten Verliebtheit wurde der Sex immer monotoner und langweiliger für mich. Ich spürte ja kaum etwas, hatte keine Ahnung, wie ich zum Orgasmus kommen könnte, und habe ihn einfach vorgetäuscht. Gregor hat es nicht gemerkt, denn er war mit keiner anderen Frau vor mir intim. Er kam immer sehr schnell zum Orgasmus und das kam mir sehr gelegen, so musste ich nicht noch stundenlang rumturnen. Wenn ich das so sage, klingt das auch in meinen Ohren sehr lieblos. Aber die Wahrheit ist, dass ich Gregor immer sehr geliebt habe und immer noch sehr liebe. Doch mit der Zeit hat sich in mir Frust über diese unerfüllte Sexualität angestaut, obwohl ich selbst alles getan habe, um Gregor zu täuschen. Je länger ich einen Orgasmus vorspielte, umso unmöglicher schien es mir, die Karten auf den Tisch zu legen. Ich schämte mich so, nicht nur vor ihm, sondern vor allem auch vor mir selbst.

Ich wusste schon immer, dass man mehrere Menschen gleichzeitig lieben kann.

Erst nach über 30 Jahren, durch eine Weiterbildung in Atemtherapie und die Auseinandersetzung mit meinem eigenen Körper, hat sich etwas in mir verändert. Immer mehr habe ich gemerkt, was für ein grosses Gebiet hier brachliegt und dass ich mich mit meinen Lügen um wertvolle Erfahrungen gebracht habe. Ich habe angefangen, mich mehr für das Thema Sexualität zu interessieren, habe darüber gelesen und dabei habe ich erfahren, dass ich mit meiner Geschichte nicht so ein «Freak» bin, wie ich das immer gedacht habe. Immer mehr habe ich das Thema mit anderen Frauen angesprochen und habe gestaunt, was da alles zum Vorschein kam, an Enttäuschungen, aber auch an schönen Erfahrungen. Etwas später habe ich einen wesentlich jüngeren Mann getroffen, der sich für mich interessierte und mir von Anfang an zu verstehen gab, dass er mich attraktiv fand. Das hat mir sehr gut getan. Danilo hat mir körperlich so gut gefallen, wie ich das bisher noch nie erlebt hatte. Ich habe eine magnetische Anziehungskraft verspürt.

Ich habe schon immer gewusst, dass es möglich ist, mehrere Menschen gleichzeitig zu lieben. Woher ich dieses Wissen bei meiner verstockten Erziehung habe? Keine Ahnung. Aber es ist so. Als ich mich in Danilo verliebt habe, war es für mich von Anfang an klar, dass ich meinen Mann nicht verlassen würde. Nach einer anfänglichen Zeit der Geheimhaltung hat Gregor von Danilo erfahren. Es war eine sehr schwierige, schmerzhafte Zeit für ihn, denn er fürchtete, er würde mich verlieren. Er könne gegen den Reiz des Neuen nicht bestehen. Mit der Zeit haben sich seine Bedenken gelegt. Vor allem weil er gemerkt hat, dass meine Beziehung zu Danilo nicht stabil war. Immer wieder hatten Danilo und ich grosse Auseinandersetzungen, immer wieder kam es zur Trennung – aber immer wieder fanden wir zueinander und waren noch verliebter als zuvor. Bis zur nächsten Trennung.

Sexuell brachte diese Beziehung frischen Wind in meine Ehe. Endlich konnte ich meinem Mann sagen, dass ich beim Geschlechtsverkehr noch nie einen Orgasmus gehabt und dass ich ihn die ganze Zeit nur vorgetäuscht hatte. Inzwischen hatte ich Vibratoren entdeckt und mit diesen funktionierte, was mit einem Penis oder von Hand nicht ging. Mein Klitoriskopf ist sehr klein und liegt ganz versteckt. Beim penetrativen Geschlechtsverkehr wird er praktisch nicht stimuliert. Mit dem *Womanizer* klappt es aber wunderbar. Ich war so erleichtert darüber, dass ich nicht vollkommen frigid war, sondern dass ich durchaus intensive Orgasmen erleben konnte. Als ich Gregor gegenüber mit der Wahrheit herausrücken konnte, merkte ich, wie sehr mein Mann all die verlorene Zeit bedauerte und dass er mir helfen wollte. Ich spürte und spüre auch heute noch, dass uns eine tiefe Liebe verbindet, und nach und nach lerne ich, mich gehen zu lassen und mich von allen Rollenvorstellungen zu lösen. Und heute ist es so, dass ich auch vaginal immer mehr spüren kann. Gleichzeitig hat Gregor gelernt, seinen Höhepunkt viel länger hinauszuzögern, und das bringt auch mir viel mehr Lust.

Eine Frau, die zu wenig, und ein Mann, der zu viel masturbiert.

Seltsamerweise machte ich in der Beziehung zu Danilo die gegenteilige Erfahrung, auch bei der Sexualität. Ich hatte zunehmend das Gefühl, etwas leisten zu müssen, auf eine bestimmte Art sein zu müssen, bestimmte Bewegungen machen zu müssen, bestimmte Haltungen einnehmen zu müssen, Reize wie schöne Wäsche und Stöckelschuhe bieten zu müssen, bestimmte Sachen sagen zu müssen, damit er seine Erregung halten konnte und vor allem, damit er zum Orgasmus kommen konnte. Letzteres war für ihn schwierig, was ich darauf zurückführe, dass auch er sich nicht wirklich hingeben kann und dass er sehr häufig auf eine harte Weise masturbiert, was ihn vielleicht unempfindlich gemacht hat. Unser stundenlanges Rammeln hat mich mit der Zeit abgestumpft, anstatt mich anzuregen. Wir waren ein seltsames Paar: eine Frau, die viel zu wenig masturbiert hat, und ein Mann, der sehr viel masturbiert.

Nicht nur das Sexuelle, auch andere Probleme haben dazu geführt, dass ich die Beziehung zu Danilo nicht mehr weiterverfolge, obwohl ich ihn aufrichtig liebe. Meinen Versuch, mich aufzuteilen und zwei Männern gerecht zu werden, betrachte ich als gescheitert. Meiner Meinung nach kann *Polyamorie* nur funktionieren, wenn auch die Wohn- und

Lebensbedingungen angepasst werden. So wie es bei mir war, war ich physisch und psychisch am Pendeln zwischen den beiden Männern und am Schluss einfach nur noch erschöpft und genervt. Mich selbst habe ich dabei immer weniger gespürt.

Nun versuche ich, meinen Weg mit meinem Mann und vor allem mit mir selbst zu gehen. Ich schliesse nicht aus, dass ich weitere sexuelle Begegnungen mit anderen Männern suchen werde. Mein Erfahrungsrucksack ist immer noch recht schwach gefüllt. Aber ich glaube, ich bin eine Frau, die dazu neigt, sich zu sehr zu verlieben, und die sich von dieser Verliebtheit zu sehr absorbieren lässt. Und für mich gibt es neben der Sexualität noch viele weitere Themen, die mich interessieren. Ich war vor Kurzem an einem Konzert und eine Alt-Punkerin sang ein Lied, bei dem es darum ging, dass die Liebe überschätzt wird, dass es durchaus andere Lebensinhalte geben kann. Irgendwie hat mir dieser Ansatz sehr gefallen. Ich finde ihn sehr befreiend, gerade auch für eine Frau. Ich glaube, es war Simone de Beauvoir, die gesagt hat, dass es vor allem die Liebe ist, die den Frauen ihre Freiheit raubt. Die Liebe zu Männern und die Liebe zu ihren Kindern mache sie ängstlich und abhängig. Ich denke, de Beauvoir hatte recht. Ich möchte, dass in meinem Leben Platz für die Liebe ist, aber nicht, dass sich alles um sie dreht. Das wäre mir zu einseitig. Etwas tiefer in das Gebiet der Sexualität einzutauchen, mir in Ruhe zu überlegen, was ich noch möchte, und lustvolle Erfahrungen zu sammeln – das ist aber nach wie vor sehr spannend für mich.

IM GESPRÄCH MIT ARMIN MÜLLER

«Die weibliche Sexualität ist mindestens genauso intensiv wie die männliche.»

ARMIN MÜLLER, 57 JAHRE ALT – SEXOLOGICAL BODYWORKER IISB®, TANTRAMASSEUR UND POLYAMORIE-COACH

Armin Müller, was macht ein Sexological Bodyworker genau?
Die Methode wurde ursprünglich in den USA entwickelt und zwar aus der Idee heraus, dass man Menschen, die Anliegen in Bezug auf ihre Sexualität haben, nicht nur mit einer reinen Gesprächstherapie helfen kann. Im Gegensatz zum herkömmlichen psychotherapeutischen Ansatz spreche ich mit meinen Klientinnen und Klienten nicht nur über diese Themen, sondern es werden auch Körper- und Atemübungen gemacht und ich berühre sie, damit sie ins Spüren kommen. Sexological Bodywork ist ein neurologisches Training. Es geht darum, in Kontakt mit den Genitalien zu kommen, indem die Sinneswahrnehmungen in diesem Bereich aktiviert und intensiviert werden. So kann man lernen, alte Muster loszulassen und neue Erfahrungen zu machen. Somatisches Lernen durch Körpererfahrungen ist effizienter als nur reines mentales Lernen.

Wer kommt zu Ihnen und mit welchen Themen?
Es handelt sich vorwiegend um Frauen. Manche leiden darunter, dass ihre sexuelle Erregung beim Liebesspiel plötzlich ab einem gewissen Punkt wieder verschwindet. Stattdessen kommt Trauer auf und es fliessen manchmal Tränen. In diesen Fällen ist es häufig so, dass im Körper alte Traumata gespeichert sind. Durch die sexuelle Erregung mit hoher Energie können sie sich lösen. Bei der Therapie können wir diesen Vorgang mehrmals durchgehen und bewusst betrachten oder mit einem

langsamen Erregungsanstieg arbeiten, damit sich der Körper daran gewöhnen kann und er nicht mehr «Stopp» signalisiert. Dann kommen auch Frauen zu mir, die beispielsweise an der Gebärmutter operiert wurden und die sich und ihre *Yoni* nach dem Eingriff wieder besser spüren möchten. Andererseits kommen auch Menschen zu mir, die einfach ihr sexuelles Erlebnisspektrum erweitern möchten.

Ist es bei Ihrer Arbeit mit Ihren Klientinnen ein Vorteil, dass Sie ein Mann sind?
Ich erlebe es so, dass viele Frauen, die ein sexuelles Anliegen haben, zunächst zu einer weiblichen Fachperson gehen, um sich daran zu gewöhnen, von einem Menschen intim berührt zu werden, der nicht ihr Sexualpartner ist. Später, wenn sie ihre Ängste überwunden haben, suchen manche bewusst einen männlichen Therapeuten auf. Es gibt aber auch Frauen, die gleich von Anfang an lieber zu einem Mann gehen. Sie sind der Meinung, dass sie ihre Erfahrungen mit einem männlichen Therapeuten besser auf ihr Sexualleben mit ihrem Partner übertragen können. Häufig haben die Traumata, die die Frauen erlebt haben, mit einem Mann zu tun. Da kann es hilfreich sein, diese ebenfalls mit einem Mann zu heilen und dadurch das Vertrauen in das andere Geschlecht wieder aufzubauen. Eine neue, positive Erfahrung hilft, die alte, negative Erfahrung zu überschreiben.

Gibt es physische Grenzen bei der Behandlung, die nicht überschritten werden dürfen?
Ja, wir legen in jedem Fall vorgängig genau fest, welche Berührungen stimmig sind und welche nicht. Ich berühre die Klientin mit meinen Händen und sie erlebt sexuelle Empfindungen, aber ich selbst bin nie sexuell aktiv.

Kommen auch Frauen mit Orgasmusstörungen zu Ihnen?
Ja. Es sind oft Frauen, die Mühe haben, bei der vaginalen Penetration zum Orgasmus zu kommen. In diesem Fall braucht es Aufklärung und Ermutigung. Sie sollen wissen, dass es total ok ist, wenn bei ihnen, wie

übrigens auch bei vielen anderen Frauen, diese Art von Stimulation nicht reicht, um zum Höhepunkt zu kommen. Dass es ebenfalls total ok ist, wenn sie mit der Hand oder dem Sextoy nachhelfen – die reine Penetration ist ja nicht der einzige Weg. Vor allem geht es bei der Behandlung darum, von der Scham wegzukommen. Manche Frauen haben das Gefühl, etwas an ihnen oder mit ihnen sei falsch, stimme nicht. Mainstream-Pornos zeigen, dass es immer geht und zwar sehr schnell. Sie vermitteln ein unrealistisches Bild des weiblichen Orgasmus. Manche Menschen stellen sich vor, so wie im Porno müsse es auch im wirklichen Leben sein, und setzen sich mit diesen Gedanken enorm unter Druck.

Die Jagd nach dem Orgasmus scheint viel Stress zu verursachen ...
Ich rede manchmal bewusst nicht vom «Orgas-muss», sondern vom «Orgas-kann», um mit Humor und entspannter an die Sache heranzugehen. Manche Menschen sind beim Sex extrem zielorientiert. Wie sonst im leistungsorientierten Leben, soll es auch in diesem Bereich schnell und effizient funktionieren: Jetzt will ich und jetzt soll es gefälligst klappen! Viele Frauen wollen unbedingt zum Orgasmus kommen und zwar gleichzeitig mit ihrem Partner. So nehmen sie im übertragenen Sinn die Autobahn, um möglichst schnell zum Ziel zu gelangen. Bei den *Tantramassagen*, die ich anbiete, lassen wir die Autobahn links liegen, nehmen stattdessen bewusst die Landstrasse und schauen, was wir auf dem Weg so erleben. Vielleicht kommen wir gar nie dort an, wo wir ursprünglich hinwollten – zum Orgasmus nämlich –, aber möglicherweise entdecken wir unterwegs viel Schönes und Neues.

Also am besten den Orgasmus vergessen?
Ja, sowohl Frauen als auch Männer können Neues entdecken, wenn sie sich vom Leistungsdruck und der Orgasmus-Fixierung lossagen. Wenn der Orgasmus nicht mehr das Ziel aller Bemühungen ist, können wir stattdessen Tempo aus dem Ganzen nehmen und mehr Sinnlichkeit erleben, was letzten Endes zu einer tiefer empfundenen Befriedigung führt. Mit Bewusstheit können wir uns von alten Bildern lösen, die in unseren

Köpfen herumgeistern, und ins Spüren hineinkommen. Dabei sollen nicht nur unsere Genitalien, sondern der ganze Körper miteinbezogen werden. Das bedingt aber ein bewusstes Umstellen, ein Umgewöhnen, um alle Sinne zu wecken. Und das kann man lernen.

Von dieser Entschleunigung könnten Frauen sehr profitieren, nicht?
Ja, sicher! Ich stelle bei den Massagen immer wieder fest, dass Frauen Zeit brauchen, um warm zu werden und ins Spüren ihres Körpers zu kommen. Es dauert in der Regel mindestens zwischen 45 Minuten und einer Stunde, bis wir uns der Sache annähern. Aber der durchschnittliche sexuelle Kontakt ist bloss sechs Minuten lang, habe ich gelesen ... Da ist es nicht verwunderlich, wenn viele Frauen diese sexuellen Begegnungen nicht geniessen können. Ihr Körper ist noch gar nicht im sinnlichen Modus angekommen. Meiner Meinung nach ist die weibliche Sexualität mindestens so intensiv wie die männliche, wenn nicht intensiver, wenn sie sich entfalten kann. Leider ist die Lust der Frau immer noch tabuisiert. Eine Frau, die ihre Sexualität in vollen Zügen geniesst, wird oft noch als Schlampe betrachtet. Das sitzt in den Köpfen mancher Leute, auch vieler Frauen, aber es ändert sich zum Glück.

Inwiefern kann eine Tantramassage dabei helfen? Können Sie das etwas ausführen?
Eine herkömmliche Massage ist an sich schon etwas sehr Sinnliches, aber die genitale Zone wird immer ausgelassen. Bei einer *Tantramassage* wird auch dieser Bereich massiert und zwar nicht beiläufig, sondern bewusst. In der Paar-Sexualität sind die Beteiligten oft sowohl im Nehmen als auch im Geben, wobei die meisten von uns mehr im Geben als im Nehmen sind. Bei einer *Tantramassage* kann man sich zu 100 Prozent aufs Empfangen, auf die Wahrnehmung, das Fühlen und Geniessen konzentrieren und braucht sonst nichts zu tun. Das ist für manche Frauen eine völlig neue Erfahrung. Die gebende Person ist ganz präsent und führt die Berührungen achtsam und konzentriert aus. Es ist oft von Vorteil, wenn die Massage ausserhalb einer Beziehungsstruktur geschieht. So ist es für

die empfangende Person leichter, richtig ins Erleben einzutauchen, ohne Leistungsdruck und ohne dass sie etwas erwidern muss.

Wie wichtig ist es Ihrer Meinung nach, dass man masturbiert?
Ich finde es sehr wichtig für die Entdeckung der eigenen Sexualität, dass man seinen eigenen Körper selbst am besten kennt. Wie er berührt werden möchte, wie er am besten erregt wird, was man gerne mag. Selbstliebe soll man geniessen – sie ist nicht zweitklassig oder ein blosser Ersatz für Paar-Sex. Sie ist eine eigene Form von Sexualität, die stets ihre eigene Berechtigung hat. Und sie bietet auch ein grosses Lernfeld. Manche Frauen denken, ihr Partner müsse wissen, wie es bei ihnen funktioniert, damit sie Freude beim Sex empfinden und zum Orgasmus kommen. Sie würden ihm am liebsten die ganze Verantwortung dafür übertragen. In diesem Fall erkläre ich, dass es bei der Sexualität vor allem darum geht herauszufinden, wie man selbst tickt, was man mag, was man braucht. Nur dann kann man den Partner anleiten. Und auch bei der Selbstliebe ist es schön, den Fast-Food-Modus zu verlassen und sich dafür bewusst Zeit zu nehmen.

Gibt es gesellschaftliche Tendenzen, die Sie in Ihrer Praxis spüren?
Polyamorie ist durch die Berichterstattung in den Medien sehr präsent und kommt nun langsam im Mainstream an. Die Menschen merken, dass es auch andere Beziehungsformen als die serielle Monogamie gibt. Noch immer haben *polyamore* Menschen aber gegen viele Vorurteile zu kämpfen. Manche denken, *Polyamorie* sei etwas für beziehungsunfähige Menschen oder ein Deckmantel, um mit möglichst vielen Leuten Sex zu haben.

Sie coachen polyamore Menschen – was sind ihre Hauptanliegen?
Nach längeren monogamen Phasen lebe ich seit fünf Jahren wieder *polyamor* und kenne die Anliegen aus eigener Erfahrung. *Polyamorie* ist eine anspruchsvolle Lebensform. Häufig ist der Start eine grosse Herausforderung: wenn sich beispielsweise eine Frau, die in einer festen Partnerschaft lebt, neu verliebt und ihr Partner sie nicht «teilen» möchte. Hier gilt es einen Weg zu finden, der für alle Beteiligten stimmt. Denn *polyamore*

Menschen lassen ihre ältere Beziehung, die gut und stimmig ist, nicht einfach fallen, nur weil sie auch jemand anderen lieben. Warum sollten sie auch?

Eifersucht ist sicher ein wichtiger Aspekt ...
Ja, das Thema Eifersucht kommt immer wieder auf und sollte nicht negiert werden. Es gibt zwar Menschen, die vielleicht eifersuchtsfrei sind, doch Ängste kennen eigentlich alle. Angst, nicht mehr zu genügen; Angst, verlassen zu werden. Das gehört zu uns Menschen, denke ich. Wir sind Herdentiere und brauchen Zugehörigkeit, um zu überleben. Wenn man diese Ängste äussern kann und sie ernst genommen werden, kann man Vertrauen aufbauen und dadurch auch die Sicherheit gewinnen, dass man nicht verlassen wird. Die für mich wichtigste Regel bei dieser Beziehungsform ist ein achtsamer, offener Austausch in der Kommunikation. Ohne geht es nicht.

Was sind die Vorteile dieser Lebensform, ausser dass man sich häufiger verliebt?
Die Tatsache, dass man mit mehreren Menschen eine Liebesbeziehung pflegt, ist ein eigentlicher Turbo für die Persönlichkeitsentwicklung, finde ich. Man muss immer kommunizieren, wird von anderen reflektiert, muss sich wichtigen Fragen stellen und kann weniger ausweichen. Und das manchmal starke Auf und Ab sorgt dafür, dass man sich und seine Umgebung intensiv spürt. Das Dümpeln in der Wohlfühlzone, das in vielen monogamen Beziehungen stattfindet, kommt praktisch nie vor. In einer *polyamoren* Beziehung ist es nie langweilig. Es braucht aber grössere Zeit-Ressourcen und den Mut, Herausforderungen anzugehen.

Was kann man tun, damit die Sexualität in einer langjährigen Beziehung erhalten bleibt und es eben nicht langweilig wird – auch wenn man nicht polyamor lebt?
Von der Biologie her gibt es zwei Programme, die leider gegeneinander laufen. Das erste Programm will, dass wir unsere Gene möglichst

vorteilhaft mischen. Und tatsächlich ist inzwischen wissenschaftlich erwiesen, dass Frauen vor allem um die Zeit des Eisprungs fremdgehen. Während dieser Zeit finden sie hauptsächlich sehr männliche, dominante Männer attraktiv. Ist diese Phase vorbei, gefallen ihnen Männer mit weicheren Gesichtszügen besser, denen sie eine höhere Sozialkompetenz unterstellen. Sie wollen also für ihr Kind die Gene vom Alphatier, aber um dieses Kind grosszuziehen, braucht es einen Mann, der mithilft und sich kümmert. Diese beiden gegenteiligen Wünsche, einerseits nach Freiheit und Autonomie und andererseits nach Bindung, funken unbewusst in die Sexualität rein.

Da klingt nach einem unlösbaren Dilemma ...
Am Anfang einer Beziehung herrscht Verliebtheit, aber durch die Nähe und Vertrautheit verliert sich dieses Gefühl nach einer gewissen Zeit. Das hat wohl jede und jeder schon erfahren. Dann braucht es neue Reize – das muss aber nicht unbedingt ein neuer Mensch sein. Man kann auch ein neues Setting in der Sexualität ausprobieren: einen anderen Ort, andere Zeiten, eine andere Form. Jedes Paar muss für sich herausfinden, was es noch entdecken möchte. Bei einem Paar kann es helfen, bewusst eine Sex-Pause einzulegen, um das Verlangen neu zu entfachen. Ein anderes Paar versucht es vielleicht damit, sich eine Zeit lang täglich zum Sex zu verabreden, um so die Lust zu steigern. Wir wissen, dass der Körper so funktioniert, dass er alles, was er nicht einsetzt, abbaut und das, was er einsetzt, stärker wird. Das gilt auch in der Sexualität – sie ist ein lebenslanges Lernfeld.

Zum Schluss noch: Was bedeuten Sinnlichkeit und Sexualität für Sie persönlich?
Sexualität ist für mich die Urkraft des Lebens, der stärkste Motor im Körper, der uns nährt und uns Menschen miteinander in Verbindung bringt. Ich bin ein sehr zärtlicher, sinnlicher Mensch und war schon immer sehr taktil. Ich habe das früh an mir entdeckt, aber konnte es lange nicht leben. Meine ersten Beziehungen waren leider nicht erfüllend, denn meine

Partnerinnen konnten den Sex nicht geniessen. Sie und ich wussten nicht, was sie wollten oder was ihnen hätte gefallen können, und waren nicht in der Lage, sich zu äussern. Lange Zeit habe ich gedacht, alle Frauen seien so. Bis ich kurz vor 30 eine Frau aus Schweden getroffen habe, die die Sexualität enorm geniessen konnte und beim Sex nicht einfach mir zuliebe mitgemacht hat. Das war für mich eine richtige Offenbarung! Da habe ich zum ersten Mal erlebt, welche enorme Kraft und welcher Ausdruck in der weiblichen Sexualität liegen! Ich würde mir wünschen, dass die weibliche Sexualität, die lange unterdrückt wurde und zum Teil immer noch unterdrückt wird, sich ganz entfalten und ihr volles Potenzial zeigen kann.

MEINE GESCHICHTE – TAMARA

«Für jedes Ehejahr einen Lover.»

TAMARA, 56 JAHRE ALT, GESCHIEDEN, HAT ZWEI ERWACHSENE KINDER UND LEBT ALS SINGLE.

Obwohl ich fast 30 Jahre mit Frank zusammen gewesen bin, habe ich ihn seit jeher nicht so richtig geliebt. Irgendwann ist mir bewusst geworden, dass mich meine Mutter, die an einer narzisstischen Persönlichkeitsstörung leidet, in diese frühe Ehe hineinmanipuliert hat – und ich das zugelassen habe. Als damals 26-Jährige war ich noch gar nicht dazu bereit. Dann kamen die Kinder, zwei Überraschungsgäste. Aufgrund einer genetischen Hormonstörung bei mir hiess es nämlich, ich könne wahrscheinlich gar keine Kinder bekommen. Nun war der Rahmen gesetzt: verheiratet, zwei Kinder. Selbst ein Trennungskind und mit zahlreichen Instabilitäten aufgewachsen, wollte ich, dass es meine Kinder besser haben. Für sie, für die Familie, hielt ich alles zusammen. Ich durfte über zwei Jahrzehnte viel Wunderbares mit der Familie erleben. Das schätze ich sehr und bin unendlich dankbar dafür. Und dennoch fehlte mir vieles. Ich fühlte mich über lange Zeit äusserst fremdbestimmt. Erst heute wird mir klar, dass ich an fast allen wichtigen Weichenstellungen in meinem Leben nicht auf mein Herz gehört habe, sondern Verstandesentscheidungen getroffen habe und einem Pflichtgefühl gefolgt bin. Das zu realisieren, war bitter. Dadurch habe ich es mir verwehrt, mit einem Mann zusammenzuleben, den ich wirklich liebe und mit dem ich auch eine erfüllte sexuelle Beziehung hätte erfahren können. Mir ist auch klar geworden, dass die traumatischen Erlebnisse in meiner Kindheit mir verunmöglicht haben, eine gesunde Selbstliebe und ein stabiles Selbstwertgefühl aufzubauen. Auf meine Bedürfnisse hat in der Kindheit niemand Rücksicht genommen. Und auch ich nicht, selbst als ich schon längst erwachsen war. Ich habe für die Familie funktioniert. Aus der Ehe war schon ewig die Luft raus. Sie war eben von Anfang an nie richtig drin ...

Zwischen meinen Fingern wird sein Glied immer kleiner.

Wenn ich an den Sex mit Frank zurückdenke, kommt in mir immer wieder eine Szene hoch: Wir beide im Ehebett. Meine Hand wandert hinunter zu seinem Penis. Mechanisch nehme ich ihn in die Hand mit dem Ziel, ihm einen Orgasmus zu verschaffen. Ich mache mich ans Werk. Je mehr ich mit den Auf- und Ab-Bewegungen weiterfahre, desto kleiner wird sein Glied. Ich höre sein Stöhnen. Es tut sich also etwas. Zwischen meinen Fingern wird sein Glied immer kleiner, fast habe ich Angst, es zu zerdrücken. Irgendwann kommt doch etwas weisse, chemisch riechende Masse aus ihm heraus ... Es gab also sowas wie einen Orgasmus ... Ich bin traurig. Was ist noch übrig von dem grossen, lustvoll steifen Penis, den Frank einst hatte? Und er hatte wirklich einen sehr ästhetischen Penis. So ein Exemplar habe ich selten gesehen. In diesem Moment also frage ich mich, wie lange ich das hier noch mitmache. Ich fühle mich leer. Nur weil ich einmal vor über 20 Jahren Ja gesagt habe, diesen Mann geheiratet habe, muss ich ewig daran festhalten? Als Frau Mitte 40 mochte ich nicht den Rest meines Lebens auf erfüllten Sex verzichten. Also begann ich, mich umzusehen ...

Wenn mich das Küssen mit einem Mann nicht richtig anmacht, kann ich mir alles Weitere sparen. Diese Erkenntnis habe ich erst später in meinem Leben gewonnen. Bei Frank gefiel mir das Küssen von Anfang an nicht wirklich – das hätte mir etwas sagen sollen. Kein Wunder also, dass die Erotik zwischen uns irgendwann abhanden kam. Was alles in mir steckt, habe ich mit anderen Männern entdeckt und – leider viel zu wenig – ausgelebt. Immer wieder brach ich aus den Zwängen meiner Ehe aus, um Frau zu sein, um meine sexuellen Bedürfnisse ausleben zu können. Als «Ehe-erhaltende Massnahme» titulierte ich meine sexuellen Ausflüge für mich. Ohne diese hätte ich schon viel früher das Handtuch geworfen. Bestimmt! Aber so richtig glücklich haben mich diese Erlebnisse nicht gemacht. Lieber hätte ich eine erfüllende Sexualität mit dem Mann an meiner Seite erleben wollen.

Ich liebte seine sexuelle Energie.

Ich blicke auf zahlreiche sexuelle Episoden zurück. Aber eine dauerhafte Parallelbeziehung hatte ich nie. Nur mit einem Mann hätte ich sie gerne gelebt. Das sollte aber nicht sein. Mit ihm hatte ich als Mittvierzigerin meinen «Sex of a Lifetime». Unglaublich, was dieser Mann für eine Kreativität und Standkraft hatte! Das habe ich mit niemandem davor oder danach so erfahren. Auch er, der bei über 30-jähriger Ehe immer auch mit anderen Frauen Sex hatte, sagte, so wie mit mir habe er nie mit einer anderen Frau Sex gehabt. Es sei so aussergewöhnlich gewesen! Gerne denke ich an die vielen besonderen Momente mit ihm zurück. Wie er bei der ersten Verabredung in einem Boutique-Hotel auf dem Bett ein grosses Herz mit frischen Rosenblättern auslegte, Massageöl warmstellte, Musik und Champagner dabei hatte. Wie wir uns langsam annäherten und er schliesslich in mich eindrang. Erst tat es mir weh, weil er so einen ultraharten und grossen Penis hatte und ich mich in einem «Dauerdürrezustand» in Sachen Sex befand. Aber dann wachte mein Körper zum Glück wieder auf und es war unglaublich, mal wieder so ausgelassen mit einem Mann Sex haben zu dürfen. Wir haben uns so unendlich gerne geküsst und immer wieder geliebt. Beim Champagnertrinken drang er wieder in mich ein und wir standen so im Raum, unten herum verbunden, oben Champagner schlürfend und grinsend. Unglaublich schön! Es folgten viele weitere Abenteuer mit ihm: in Hotels, im Park, im Schwimmbad, im Auto, im Büro, in der Natur. Ich liebte seine sexuelle Energie und wie er mit mir abtauchen konnte. Einmal nahm ich eine Zeitschrift mit, in der zig Kamasutra-Stellungen abgebildet waren. Wir studierten sie bäuchlings im Bett liegend und probierten dann einige aus. War das lustig! Wir fühlten uns wie Teenager und hatten so viel Spass miteinander!

Nach solchen Treffen musste ich mich immer wieder zusammenreissen, wenn ich zurück bei der Familie war. Pokerface. Funktionieren. Niemanden irritieren. Heimlich verlieben, heimlich entlieben. In all dem war ich mittlerweile Profi. Gut hat sich das nicht angefühlt. Eine innere Schieflage, die ich ewig ertragen habe, selbstgewählt, das ist mir schon klar.

Ich wollte mich trennen, aber es war nicht möglich.

Frank hat durch Worte nichts erfahren von meinen Seitensprüngen – den Begriff fand ich schon immer blöd. Auf energetischer Ebene wird er es aber schon mitbekommen haben. Ich zweifelte immer wieder an unserer Ehe und hatte gelegentlich Trennungsgedanken. Mein Mann, für den ich immer die Traumfrau war, reagierte drei Mal mit sehr heftigen gesundheitlichen Problemen: einer schweren Thrombose nach den ersten zehn gemeinsamen Jahren, sechs Jahre später Angina Pectoris, weitere neun Jahre später mit einem Herzinfarkt, bei dem sein Leben wirklich am seidenen Faden hing. Diese Erlebnisse haben mich geschockt. Ich war hin- und hergerissen. Ich wusste, dass ich ihn nicht richtig liebte, dass ich mich wegen der Kinder in die Ehe einfügte. Durch seine schweren gesundheitlichen Probleme fühlte ich mich unter Druck gesetzt, bei ihm bleiben zu müssen. So befiel mich nach seinem Herzinfarkt eine unglaubliche Wut über diese ausweglose Situation. Ich wollte mich trennen und zugleich war es unmöglich. Mein Körper reagierte mit einer Erschöpfungsdepression. Ich war komplett energielos, ausgelaugt, verlor meine Libido – und lenkte noch einmal ein. Weitere fünf Jahre dümpelte ich mit ihm durch die Ehe. Aus den anfänglichen Erektionsstörungen wurde über die Jahre ein Nichts-geht-mehr. Unter diesen desolaten Umständen wurde nach 30 gemeinsamen Jahren die Trennung möglich. Ich hatte meinem Mann schon oft nahegelegt, sich sexuell mal mit einer anderen Frau einzulassen – in der Hoffnung, dass sein Körper wieder anspringen würde. Das hat er immer abgelehnt. Schliesslich war es dann doch eine andere Frau, die es ihm ermöglicht hat, mich loszulassen. Aber das ist seine Geschichte …

Viele Männer stehen auf mich.

Ich habe im Laufe der Jahre gemerkt, dass ich ein Typ Frau bin, auf den viele Männer stehen. So wurden mir die Gelegenheiten für sexuelle Abenteuer immer wieder auf dem Silbertablett serviert. Ich bin froh, dass ich oft zugegriffen habe. Es waren auch echt beflügelnde, romantische Begegnungen dabei. Wie der griechische Fotograf, der, von meinem Parfüm und meinem Lächeln angetan, mir einen Zettel mit seiner Handynummer zuschob mit einem verliebten Grinsen. Da stand drauf: «Don't escape from A». Dieser A war einer der heissesten Lover, die ich je hatte. Auch er einer, der viel Sex mit unterschiedlichen Frauen hatte. Das habe ich bei Männern immer gespürt: wer sehr erfahren ist und wer nicht. Die mit viel Erfahrung konnten meistens viel besser auf meine Bedürfnisse eingehen.

Richtig gut kommen kann ich fast nur in der Reiterstellung, wenn ich oben auf dem Mann bin und die Stimulierung selbst steuern kann. Nie habe ich verstanden, wie Frauen in der Missionarsstellung oder Hündchenstellung und vielen anderen zum Orgasmus kommen können. Ist das eine Frage der Anatomie? Wenn der Mann in der klassischen Stellung in mich eindringt und sich vergnügt, habe ich gar nichts davon. An meiner Klitoris kommt er so nicht vorbei. Die Stimulation bleibt aus. Von den vielen Männern, mit denen ich Sex hatte, war es einzig ein Franzose, der von sich aus einen steileren Winkel beim Eindringen in meine

Vagina wählte und mir damit ein nicht gekanntes Vergnügen bereitete. «Wow», dachte ich, «der erste Mann, der etwas kapiert hat!» Die Kunst der Liebe wird vielleicht nicht umsonst den Franzosen zugeschrieben. Naja, irgendwann habe ich gelernt, über meine Bedürfnisse beim Sex zu sprechen. Am meisten macht mich ein hauchzarter Beginn an. Sanft berührt, geküsst, geleckt zu werden. Dann schmelze ich dahin. Die Steigerung darf für mich gerne langsam geschehen. Dieses Gerammel, wie es oft in Filmen dargestellt wird, hat mich nie angesprochen. Als hochsensible Frau brauche ich feinfühlige Männer, die auf meine Bedürfnisse eingehen können und wollen.

Warum halten wir an der Monogamie fest?

Gerade fällt mir eine witzige Szene aus meinem Berufsleben ein: Ich komme in der Firma die Treppe hoch. Da stehen zwei Männer vor dem Regal mit den Katalogen, mit dem Rücken zu mir. Beide Männer tragen denselben Vornamen. Ihre Hinterteile lachen mich an und ich grinse in mich hinein. Wenn die wüssten, dass ich mit beiden von ihnen ziemlich wilden Sex an verbotenen Orten gehabt habe! Mein Geheimnis geht mit mir die Treppe hoch. Beide Männer drehen sich zu mir um und begrüssen mich hoch erfreut. Wie gut, dass Gedanken im eigenen Kopf bleiben und nicht wie im Comic in grossen Sprechblasen aufsteigen und alles verraten. Mit dem einen Mann bin ich das erste Mal aus meiner Ehe ausgebrochen. Mit dem anderen habe ich mich ein paar Jahre später an einem wahnsinnig heissen Sommertag in der Natur vergnügt. War das geil!

Tja, und die Bilanz? Nachdenklich, ein wenig traurig, ein wenig beschämt darüber, dass ich so viele Jahre in einer unglücklichen Situation verbracht habe. Nicht meinem Herzen gefolgt bin, sondern immer versucht habe, es der Familie recht zu machen. Für jedes Ehejahr einen Lover, auf so viele komme ich. Wenn ich noch diejenigen dazuzähle, mit denen ich nur geknutscht und nicht geschlafen habe, sind es noch mehr. Manchmal habe ich sie mir alle in einer langen Reihe vor mir stehend vorgestellt. Mit welchem von ihnen würde ich nochmals Sex haben wollen? Mit welchem mit Sicherheit nie wieder? An diesem Visualisierungsspiel habe ich immer wieder mal meine Freude.

Wenn ich an alle meine Liebhaber zurückdenke, war die grosse Mehrzahl zum Zeitpunkt des sexuellen Abenteuers mit mir fest mit einer anderen Frau liiert. Manchmal frage ich mich, wieso wir Menschen in der westlichen Welt dermassen an dem Konzept der Monogamie festhalten. Geht es nicht wider die menschliche Natur? Vor einigen Jahren fesselte mich eine Sexkolumne von Alena Schröder in der Süddeutschen Zeitung, in der von Bonobo-Affen die Rede war. Diese haben zu 99 Prozent das gleiche Erbgut wie wir Menschen. Die Bonobos bilden Matriarchate. Sex ist ein fester Bestandteil der sozialen Interaktion und findet immer wieder und zu allen möglichen Zwecken mit allen möglichen Partnern statt: zum Vergnügen, zum Spannungsabbau, zur Streitschlichtung, zur Förderung des Gemeinschaftsgefühls. Wäre das nicht mal eine Zukunftsvision für die Menschheit? Make love, not war.

MEINE GESCHICHTE – SIMONE

«Immer wieder erlebte ich Dreiecksgeschichten.»

SIMONE, 51 JAHRE ALT, GESCHIEDEN, HAT ZWEI KINDER IM TEENAGER-ALTER UND WOHNT MIT IHNEN ZUSAMMEN. IHR PARTNER ELIAS (55) LEBT IN EINER ANDEREN STADT.

Ich würde mich momentan als monogam bezeichnen. Aktuell erlebe ich Sexualität mit meinem Partner und ausschliesslich mit ihm. Ich möchte nicht, dass jemand anders als er mich mit sexueller Absicht berührt. Elias sagt mir immer wieder, dass er sich sehr glücklich mit mir schätzt, und interessiert sich sexuell für keine anderen Frauen. Sex spielt in unserer Paarbeziehung eine wichtige Rolle. Elias ist 55 Jahre alt und seine Erektion ist nicht immer gleich lang und stabil. Manchmal nimmt er Viagra, damit wir unser Zusammensein länger geniessen können. Ich brauche das Gefühl, dass ein Mann mich begehrt, und die Erektion war für mich immer ein sicheres Zeichen für dieses Begehrtwerden. Ich war bisher dreimal verheiratet. Mein erster Mann zeigte kein grosses Verlangen nach mir und so zog ich den Schluss, dass er mich nicht begehrte und vielleicht auch nicht wirklich liebte. Bei Elias ist es anders: Er begehrt mich, aber bedrängt mich nicht. Dadurch kann ich mich ihm total öffnen.

Viele Jahre lang hätte ich von mir behauptet, dass mich Sex nicht gross interessiere. Meine Eltern waren sehr prüde in dieser Hinsicht. Über Sexualität wurde nicht offen gesprochen und zuhause zeigten wir uns einander nicht nackt. Mit einer Tante und einem Onkel war ich als Jugendliche an einem FKK-Strand. Es tat mir gut, die verschiedenen Körper zu sehen. Zu merken, dass es ganz unterschiedliche Penisse, unterschiedliche Vulven, unterschiedliche Brüste gibt. Mit 13 hatte ich meine erste sexuelle Begegnung. Es war kein Geschlechtsverkehr, sondern Petting. Damals merkte ich, dass ich Männer mit meinem sehr weiblichen Körper sexuell anzog. Das faszinierte mich einerseits und andererseits kleidete ich mich von da an eher unauffällig, um die Blicke der Männer nicht auf mich zu lenken.

Der Sex mit ihm war leidenschaftlich, ja göttlich!

Immer wieder erlebte ich Dreiecksgeschichten. Mit 16 hatte ich eine Erfahrung mit einer Freundin und ihrem Freund, bei der er einen Finger in mich einführte. Vielleicht ist damals das Jungfernhäutchen ja gerissen? Denn als ich mit 19 zum ersten Mal penetrativen Sex hatte, erwartete ich, dass es bluten und schmerzen würde. Doch das tat es nicht. Aus meinen Erfahrungen bei der Selbstbefriedigung wusste ich bald genau, wie ich mit bestimmten Bewegungen und in bestimmten Stellungen zum Orgasmus kommen konnte – vor allem, wenn ich oben war beim Sex. Wenn ein Mann erregt war, dachte ich immer, es «müsse» dann unbedingt weitergehen, also zur Penetration kommen. Gleichzeitig glaubte ich, ich müsse mit dem Mann in einer Beziehung sein, um mit ihm Sex haben zu können. Einen One-Night-Stand oder Sex haben, einfach weil ich Lust darauf hatte – das gab es bei mir nie.

Mit 25 heiratete ich zum ersten Mal. Unser Sex war schön, aber nicht überragend. Schon kurz nach der Hochzeit verliebte ich mich in einen Arbeitskollegen. Mit ihm erlebte ich zum ersten Mal Sex in Verbindung mit Gefühlen. Endlich konnte ich spüren, was in meinem Körper vorging. Leider hatte dieser Mann ein Suchtproblem und ich trennte mich bald wieder von ihm. Auch meine erste Ehe endete schon bald.

Mit meinem zweiten Mann verband mich von Anfang an eine starke intellektuelle Anziehung. Aber es gab keine sexuelle Spannung zwischen uns.

Als wir schon ein Paar waren, aber noch nicht verheiratet, hatte ich bei der Arbeit einen Freund. Wir sprachen viel über unsere sexuellen Erfahrungen und später schliefen wir auch miteinander. Er kam sexuell bei seiner Frau zu kurz, wie er mir erzählte. Sie war eine gute Freundin von mir und ich hatte grosse Schuldgefühle. Doch der Sex mit ihm war leidenschaftlich, ja göttlich! Als ich dann verheiratet war, dachte ich, diese intensive Verbindung müsse aufhören, und wir trafen uns nicht mehr. Während meiner ersten Schwangerschaft hatte ich ständig Lust auf Sex. Leider war es bei meinem Mann genau umgekehrt: Als ich schwanger war, wollte er nicht mit mir schlafen. Und auch nach der Geburt unseres Sohnes hatte er weiterhin sehr wenig Lust auf Sex.

Plötzlich ekelte ich mich vor diesem Mann.

So nahm ich die heimliche Beziehung zu meinem Geliebten wieder auf. Manchmal lagen mehrere Monate zwischen unseren Begegnungen, doch wir kamen nicht voneinander los. Der Sex mit ihm war so unglaublich! Gleichzeitig machte ich mir grosse Vorwürfe. Ich hatte doch alles, ausser einer erfüllten Sexualität: eine glückliche Familie, Vertrautheit mit meinem Mann, eine stabile Lebenssituation und finanzielle Sicherheit. Nach einiger Zeit trennte sich mein Geliebter von seiner Frau und erwartete plötzlich von mir, dass ich mich um ihn kümmerte. Da auch meine Ehe zur gleichen Zeit in die Brüche ging und wir nun beide frei waren, versuchten wir, zusammen eine Paarbeziehung zu leben. Doch seltsamerweise nahm meine Lust unter diesen neuen Umständen rapide ab. Plötzlich ekelte ich mich sogar vor diesem Mann!

Ich war damals 38 Jahre alt, Mutter zweier Kinder und beschloss, eine Psychotherapie zu machen. Dabei wurde mir bewusst, dass ich als Kind sexuell missbraucht worden war – durch einen Mann und eine Frau im Bekanntenkreis. Bei ihnen erfuhr ich Aufmerksamkeit und Wertschätzung.

So nahm ich damals ihre Übergriffe in Kauf, um ihre Zuwendung zu erhalten. Diese Traumatisierung hat mich ganz früh geprägt. Der sexuelle Missbrauch war wohl keine Penetration. Ich kann mich jedenfalls nicht an eine solche erinnern. Es waren intensive, intime, gegenseitige Berührungen mit dem Finger und dem Mund. Ich war im Kindergartenalter und den beiden Erwachsenen völlig ausgeliefert. Lange Zeit konnte ich die Übergriffe überhaupt nicht einordnen und habe sie aus meinem Bewusstsein verdrängt. Jetzt, im Verlauf der Therapie, kamen sie ans Tageslicht. Ich versuchte, mit meinem Ex-Mann über all das zu sprechen und wieder mit ihm zusammenzukommen. Doch es klappte nicht. Er war durch meine Aussenbeziehung zu tief und nachhaltig verletzt. Von da an wusste ich, dass ich nie mehr eine Dreiecksbeziehung wollte. Und wenn doch, dann würde ich sie von Anfang an offen leben.

Sexualität ist für mich bis heute zwiespältig.

Nach meiner zweiten Scheidung hatte ich mehrere wechselnde Partner. Ich merkte, dass sich die Männer jeweils rasch in mich verliebten. Es dauerte dann immer eine Weile, bis ich ihnen sagen konnte, dass ich eigentlich gar keine Beziehung suchte. Wenn die Männer dann mit mir im Bett waren, wurden sie gefügig und verzichteten auf ihre Ansprüche an mich. Einerseits wollte ich Sex mit ihnen haben, andererseits nicht. Mein Körper schien es zwar zu wollen, denn ich war rasch erregt und wurde feucht. Aber nach dem Sex habe ich die Männer für ihr Verlangen verachtet. Es gab da eine spezielle Dynamik: Manchmal war ich Täterin, manchmal Opfer – beides zugleich irgendwie. Sexualität ist für mich bis heute eine zwiespältige Sache geblieben. Sobald sich ein Mann für mich sexuell interessiert, habe ich das Gefühl, als Person zu verschwinden.

Ich habe dann noch ein drittes Mal geheiratet. Als ich jedoch merkte, dass ich mich wieder für einen anderen Mann interessierte, verliess ich meinen Ehemann. Ich wollte meine eigene Geschichte nicht wiederholen, sondern stattdessen meine Verhaltensmuster unter die Lupe nehmen und sie aktiv verändern.

Mein jetziger Partner Elias hat mir nicht von Anfang an sexuelle Signale gesendet. Er hat mich als Mensch, als Person wahrgenommen. Das war neu für mich. Mit ihm versuche ich, die konditionierten Muster zu überwinden. Er berührt mich sehr achtsam, geschickt, mit grossem Respekt. Von ihm kann ich es endlich zulassen, dass er mich gelegentlich oral verwöhnt. Das ist ebenfalls neu für mich und ich geniesse es. Früher hatte ich es immer vermieden, dass die Männer mich oral stimulierten. Ich selbst habe aber immer gerne Penisse berührt und in den Mund genommen. Für mich bedeutete das, dass ich die Kontrolle über den Mann und über das Geschehen hatte. Elias und ich erleben miteinander viel Zärtlichkeit. Er ist ein grosser, starker Mann – kann jedoch auch sehr fein und sanft berühren. Ich mag das sehr. Manchmal möchte ich aber auch gerne so richtig heftigen Sex. Und auch das geht, denn wir können über alles reden. Ich kann jetzt immer mehr auch seine Geilheit geniessen, wenn sie sich einstellt, ohne mich selbst als «Schlampe» zu sehen, wie es früher der Fall war.

Manchmal stelle ich mir Sex mit einem jungen Mann vor.

Vor einem Mann, der mich zum ersten Mal nackt sieht, empfinde ich manchmal kurz eine gewisse Unsicherheit, ob mein älter werdender Körper ihm wohl gefällt. Aber grundsätzlich habe ich keine Schamgefühle beim Nacktsein. Vielleicht bin ich etwas voyeuristisch veranlagt: Wenn ich Menschen sehe, zum Beispiel im Film, die Sex haben, dann erregt mich das. Einen Swingerclub würde ich aber nicht besuchen wollen. Ich weiss nicht, ob es mich erregen würde, wenn andere mir beim Sex zuschauen. Sicher würde ich nicht dabei zuschauen wollen, wie mein Partner mit anderen Frauen sexuell aktiv wäre. Der Raum, den Elias und ich uns in der Sexualität erschaffen haben, ist mir auf eine gewisse Art heilig. Die Vereinigung der Vagina mit dem Penis ist für mich das Allerschönste. Mein Partner und ich geniessen es dann sehr, auf den Wellen der Lust und Erregung zu reiten.

Heute fühle ich mich sicherer und ruhe mehr in mir. Männer, die mich begehrlich anschauen, nehme ich gar nicht mehr wahr. Es interessiert mich nicht mehr. Heute ziehe ich Männer an, die sich für das interessieren, was ich beispielsweise beruflich mache, und nicht in erster Linie sexuelle Motive haben. Manchmal stelle ich mir vor, wie Sex mit einem ganz jungen Mann wäre. Ich würde gerne diese jugendliche Energie spüren, einen glatten, wunderschönen Körper, volle Lippen zum Küssen und einen jugendlichen Penis in guter Grösse. Das ist so eine Fantasie von mir, die ich habe, jedoch momentan nicht in die Realität umsetzen möchte.

Wie es weitergeht auf meinem sexuellen Weg, weiss ich jetzt noch nicht. Die sexuelle Begegnung ist für mich wichtig und ich wünsche mir, sie bis ins hohe Alter zu erfahren.

Im Zustand der Erregung und Lust zu sein, ist doch einfach wunderschön! Ich habe zwei Kinder und würde mir wünschen, dass junge Menschen eine eigentliche Einführung in die Sexualität bekämen. Dass Sexualität wieder mehr Bedeutung erhalten und die Menschen ihre Konsumhaltung ablegen würden. Sex ohne Liebe ist möglich. Aber für mich ist es so, dass Liebesgefühle die sexuelle Erfahrung intensivieren, aber auch dass Sexualität die Liebe verstärkt.

MEINE GESCHICHTE – RITA

«Mit 45 Jahren hatte ich meinen ersten Orgasmus – mit einem Toy.»

RITA, 47 JAHRE ALT, VERWITWET, SINGLE, LEBT MIT IHREN BEIDEN SÖHNEN (9 UND 11 JAHRE ALT).

Bis vor zwei Jahren war Sex für mich kein wichtiges Thema. Mit zwanzig hatte ich meinen ersten Freund, mit dem ich auch Sex erlebte. Ich kann mich nicht erinnern, ob ich es damals besonders schön fand oder nicht. Seltsamerweise habe ich an mein sogenannt erstes Mal überhaupt keine Erinnerung. Auch sonst habe ich nur ein verschwommenes Bild von unserem Sex, obwohl wir vier Jahre lang ein Paar waren. Nachdem diese Beziehung zu Ende war, hatte ich eine gute Freundin. Ich weiss noch, dass ich mich sehr von ihr angezogen fühlte. Was wir lebten, war im Rückblick vielleicht eher eine Partnerschaft als eine Freundschaft. Sie war jedoch in einer Freikirche und Homosexualität passte nicht in ihr Weltbild. Wäre sie damals deutlicher auf mich zugekommen, hätte ich mich sicherlich auch sexuell auf sie eingelassen.

Meine Eltern haben mich sehr liberal und ohne Tabus erzogen und es gab viele homosexuelle Menschen in unserem Umfeld. Mir wurde nie gesagt, es sei schlimm oder unangebracht, mich selbst zu berühren und zu masturbieren. Trotzdem habe ich es bis vor Kurzem nie getan. Im Alter von etwa zwölf Jahren hatte ich beim Einschlafen oft die Fantasie, am ganzen Körper vollständig gelähmt zu sein. Die Vorstellung, mich nicht bewegen zu können, gab mir ein gutes Gefühl. Ich fühlte mich wohl und geborgen. Damals sprach ich mit niemandem darüber. Rückblickend könnte ich mir vorstellen, dass es ein frühes, unbewusstes Ausleben meiner sexuellen

Neigung war, denn auch heute finde ich es sehr erotisch und anregend, mich nicht bewegen zu können, festgehalten zu sein.

Meinen Mann lernte ich um die Jahrtausendwende kennen, bei einem gemeinsamen Hobby. Roland war sechs Jahre älter, aber sexuell nicht sehr erfahren. Den Sex mit ihm fand ich okay, doch er stand bei uns nie im Vordergrund. Wir waren Seelenverwandte und liebten uns sehr. Für mich waren sexuelle und gefühlsmässige Treue jahrzehntelang identisch und extrem wichtig. Im Grunde bin ich ein sehr konservativ denkender Mensch. Ich kann nicht genau sagen, woher es kommt, von meiner Erziehung her ja sicher nicht.

Sex fand nur noch alle vier bis fünf Monate statt.

Die Heirat verstanden Roland und ich vor allem als einen administrativ nützlichen Akt. Dass wir zusammen Kinder haben wollten, war uns beiden viel wichtiger als die Hochzeit an sich. Mein Mann hätte am liebsten vier oder fünf Kinder gehabt. Leider verabschiedete sich die erste Schwangerschaft wieder. Nach diesem Verlust wollte ich unbedingt erneut schwanger werden. Wir hatten dann auch öfter Sex und so klappte es und ich wurde noch zweimal schwanger. Nach der zweiten Geburt nahm der Sex deutlich ab und fand eigentlich nur noch alle vier bis fünf Monate und meistens auf Wunsch meines Mannes statt.

Roland war ein sehr introvertierter Mensch. Unser Paarleben fühlte sich beinahe wie eine arrangierte Ehe an, nur dass wir sie selbst arrangiert hatten. Wir hatten Ja zueinander gesagt und wir waren sehr glücklich mit dieser Entscheidung. Wir konnten über alles reden, über alle unsere Bedürfnisse und Wünsche – nur nicht über Sexuelles. Mein Mann hatte eine wunderbare Eigenschaft: Er hat niemals etwas bewertet oder verurteilt, nie. Er konnte die Menschen und die Dinge einfach so sein lassen, wie sie waren. Das war erstaunlich. Als er die Krebs-Diagnose erhielt, sprachen wir offen miteinander und mit den Menschen um uns herum über das Sterben und den Tod. Es schmerzte mich weniger, wenn ich darüber reden konnte. Bei einem unserer letzten gemeinsamen Spaziergänge sprachen wir über eine mögliche neue Partnerschaft für mich nach seinem Tod. Er sagte zu mir: «Nicht wahr, du weisst schon, dass es auch eine Frau sein könnte.» Das hat mich sehr berührt – es war wunderbar. Ich denke, Roland hat so vieles sehr genau gespürt.

Mein Risikoverhalten ist viel grösser geworden.

Hätte mein Leben nicht diese Wendung genommen – wäre Roland nicht gestorben –, wir wären wohl ein Paar geblieben und gemeinsam alt geworden. Ich denke, auch ohne sexuelle Erfahrungen wäre mein Leben insgesamt nicht weniger erfüllt gewesen. Es war für mich so beruhigend, dass ich meinen Mann und diese tiefe Liebe zu ihm hatte. Für mich war immer klar: Ich habe ihn, bis ich sterbe, und wir sind einander treu. Solange ich ihn hatte, brauchte ich mich um das Thema Partnerschaft nicht mehr zu kümmern. Mit dem Tod meines Mannes stand unsere Welt still. Er starb genau zu Beginn des ersten Lockdowns während der Corona-Pandemie. Für meine Familie und Bekannten war es furchtbar schlimm, dass wir nicht wie geplant eine grosse Trauerfeier abhalten konnten. Doch für mich und die Kinder stimmte es so. Und ich bin froh, dass er nicht mehr erleben musste, in was für einer speziellen Zeit er uns zurücklassen musste. Das hätte ihm zusätzlichen Kummer bereitet.

Ich weiss, dass all das, was ich heute erfahren kann, für ihn völlig okay wäre. Und doch falle ich immer wieder in eine konservative und enge Sichtweise zurück. Manchmal kommt es mir vor, als sei mein Körper bereits an einem Ort, an dem meine Seele und mein Denken noch nicht angekommen sind. In meinem Leben hat sich sehr viel in sehr kurzer Zeit ereignet. Manchmal schaue ich wie von aussen auf mich selbst und denke: «Was machst du da genau?» Ich trage ja nun die alleinige Verantwortung für meine beiden Jungs. Sollte mir etwas geschehen, würden sie alleine dastehen – das «Back-up» ist sehr klein geworden. Seit Rolands Tod ist mein Risikoverhalten jedoch erstaunlicherweise viel grösser geworden. Ich lasse meine Bedenken weg und weiss, dass es sich gut anfühlt und stimmt, etwas zu wagen. Meine Kinder haben ja schliesslich viel mehr von mir, wenn ich mich spüre, meinen ureigenen Weg gehe und es mir gut geht. So habe ich auch wieder die Kraft, für sie da zu sein.

Ich wusste kaum, wohin mit meiner enormen Lust.

Fünf Monate nach dem Tod meines Mannes habe ich mich Hals über Kopf in Anja verliebt. Plötzlich spürte ich die ganze breite Gefühlspalette wieder, die sich in der Trauer so verengt hatte. Es war überwältigend! Von einem Tag auf den anderen wusste ich kaum, wohin mit meiner enormen Lust. Eines Abends war sie so stark, dass ich spontan in einen Sexshop fuhr, mich dort beraten liess und mit vier verschiedenen Sex-Toys heimkam. Zuhause probierte ich die Sachen sofort aus und hatte meinen allerersten Orgasmus mit dem *Womanizer*. Es war unglaublich! Auch in meinen Brüsten spürte ich für mich überraschend und sehr schön so intensive Gefühle wie nie zuvor. Dank Anja konnte ich mich endlich wieder fühlen! Wir begehrten einander sehr intensiv und verbrachten manchmal Stunden zusammen im Bett. So etwas hatte ich zuvor noch nie erlebt. Ich hätte mir nie vorstellen können, dass ich mich so auf einen anderen Menschen einlassen könnte. Sicher war es auch so, dass ich die Beziehung zu ihr damals sehr brauchte, denn ich war nicht wirklich bei mir selbst. Mittlerweile weiss ich, dass mich das männliche Geschlecht sexuell nicht wirklich anzieht.

Durch meine neuen sexuellen Erfahrungen lernte ich auch, die indirekte Lust zu kennen und zu schätzen: wie es ist, den Wunsch zu verspüren, jemanden sexuell ganz und gar glücklich zu machen, und wie dieses Glück sich auf mich überträgt, wenn der Wunsch sich erfüllt. Die Beziehung zu Anja hielt leider nur ein Jahr. Ich war traurig und gleichzeitig war ich auf der Suche und wusste nicht, wohin mit der neu erwachten Lust. Da empfahl mir eine Nachbarin ein Dating-Portal. Unter anderem stiess ich auf ein *BDSM*-Forum. Dort sprachen mich viele Dinge stark an. Über das *BDSM*-Forum fand ich zu einem Dating-Portal und traf dadurch aus reiner Neugier doch wieder einen Mann. Ich musste einfach wissen, wie es sich anfühlen würde. Es war keine besonders erotische oder prickelnde Erfahrung. Nicht schlecht an sich, aber der Funke sprang nicht wirklich über. Über GayParship suchte ich nach einer Frau, mit der ich alt werden könnte. Daraus ergaben sich einige Dates, doch nichts Verbindlicheres.

Der Orgasmus ist für mich etwas Sekundäres.

Gleichzeitig wollte ich meinem Interesse für *BDSM* endlich nachgehen und herausfinden, was es damit auf sich hatte. Ich buchte eine körperliche Entdeckungsreise bei einer Fachfrau. Es war unglaublich! Hier fand ich, was ich schon lange gesucht hatte. Was ich körperlich während dieser vier Stunden erlebte, geht über so viele Vorstellungen hinaus. Es war nicht in erster Linie sexuell. Es ging um Fesselungen, Schläge, um Grenzen. Während der ganzen Session war ich total achtsam und ganz gegenwärtig in meinem Körper. Es war fast wie eine Meditation. Im *BDSM* wird erkennbar, dass es Grenzen und Bedürfnisse gibt. Während der Session selbst redet man kaum, ausser es passt etwas nicht. Es wird vorgängig abgesprochen, was genau gewünscht wird. Jede Person definiert ihre Grenzen und kommuniziert sie ganz klar. Das finde ich faszinierend und auch für andere Lebensbereiche wertvoll und anwendbar. Was ich dort erfuhr – diese direkte Art der Kommunikation, Nein zu sagen und für die eigenen Grenzen einzustehen –, kann ich zum Beispiel auch im Beruf gut anwenden.

Durch diese Erfahrung lernte ich die *sexpositive Bewegung* kennen. Daran gefällt mir, dass ich mir dabei genau das zusammensuchen kann, was zu mir passt. Für mich war zum Beispiel der Orgasmus beim Sex schon immer etwas Sekundäres. Es ist nicht so, dass es für mich nur dann «guter» Sex ist, wenn es dabei zum Orgasmus kommt. Es gibt so viele Varianten und Spielarten und ganz vieles habe ich noch gar nicht kennengelernt – zum Beispiel das *Squirten*. Darum sage ich heute nicht mehr im Voraus, dass ich mir etwas nicht vorstellen kann, sondern probiere es einfach aus und schaue danach, wie es für mich ist und ob es zu mir passt.

Als die Liebesbeziehung zu Anja zerbrach, konnte ich alleine auf eine für mich wichtige Entdeckungsreise gehen. Früher hatte ich oft Angst vor dem Alleinsein und es kam bei mir dieses eigentümliche Gefühl auf, eigentlich nicht wirklich ganz erwachsen zu sein. Nun, zum vielleicht allerersten Mal in meinem Leben, merkte ich: Ich brauche im Grunde keinen Partner und keine Partnerin. Ich komme alleine voll und ganz zu mir selbst. Zurzeit suche ich tatsächlich keine Partnerschaft und dieses Gefühl ist sehr befreiend. Mit Anja treffe ich mich seit einer Weile wieder. Wir haben eine rein sexuelle Beziehung und sind in diesem Bereich extrem kompatibel.

Ich würde mich nicht als lesbisch bezeichnen.

Bis vor Kurzem dachte ich immer, Sex und Liebe gehören fest zusammen. Doch inzwischen hat sich mein Weltbild um 180 Grad gedreht. Heute glaube ich, dass Sex auch bei einer gewissen Sympathie funktionieren kann. Es kann Sex geben ohne tiefe Liebe. So wie es die tiefe Liebe zu meinem verstorbenen Mann gab und gibt, ohne Sex. Liebe ohne Sex war für mich ja immer schon sehr vorstellbar und lebbar. Doch ich konnte mir bisher nicht vorstellen, dass es eine erfüllte Sexualität gäbe ohne Liebe oder ausserhalb der Liebe. Ehrlich gesagt, weiss ich eigentlich gar nicht mehr ganz genau, was Liebe ist ... Für mich bedeutet Liebe am ehesten, dass mich das Leben eines anderen Menschen interessiert. Dass ich mit diesem anderen Menschen zusammen sein möchte. Diese tiefe Verbundenheit, die ich mit meinem verstorbenen Mann hatte, ist für mich wirklich Liebe. Und ich weiss nicht, ob es das jemals wieder für mich geben kann.

Heute habe ich eine sexuelle Beziehung zu einer Frau und doch würde ich mich nicht als lesbisch bezeichnen. «Lesbisch», «heterosexuell» – das sind lauter Schubladen, lauter rigide Vorstellungen. Das gefällt mir nicht. Ich will einfach einen Menschen, egal welchen Geschlechts, lieben können. Für manche Menschen ist ihr «Outing» wichtig. Ich brauche es aber ganz sicher nicht. Es gibt ja schliesslich auch kein «Coming-out», wenn jemand sogenannt heterosexuell ist. Meiner Meinung nach ist jeder Mensch einfach so, wie er ist. Jeder kann einfach von seinem Leben und von sich erzählen, ohne in Stereotypen zu denken. Ich möchte einfach so leben, wie es mir entspricht. Die *sexpositive* und *queere* Welt kennenzulernen, finde ich sehr spannend. Ohne die LGBTQ-Bewegung und ihre Arbeit wäre heute vieles gar nicht möglich. Ich bin froh, dass es sie gibt, profitiere davon und bin dankbar dafür, auch wenn ich mich nicht wirklich dazugehörig fühle. Ich habe das grosse Glück, dass sowohl mein persönliches als auch geschäftliches Umfeld sehr tolerant ist und sexuelle Neigungen nicht zu Diskriminierung führen. Ich weiss, dass ich in dieser Hinsicht gegenüber anderen privilegiert bin. Ich bin neugierig darauf, was die Zukunft mir in dieser Hinsicht noch bringen wird und auf alles Spannende, was ich auf sexuellem Gebiet noch erleben und erfahren darf.

IM GESPRÄCH MIT CLAUDIA SIEBER

«Wir sollten alle mehr spielen!»

CLAUDIA SIEBER, 63 JAHRE ALT – GESCHÄFTSFÜHRERIN DER EROTIK-BOUTIQUE «SENSUELLE», SEXOLOGIN UND BECKENBODEN-TRAINERIN

Claudia Sieber, warum braucht es eine Erotik-Boutique speziell für Frauen?
Für Männer existiert bereits ein grosses Angebot, aber häufig ist es so, dass Frauen in einem herkömmlichen Erotik-Shop überfordert sind. Die oft riesige Auswahl regt sie nicht an, im Gegenteil. Bei «Sensuelle» bieten wir eine kleinere, feine Auswahl. Ich kenne jedes einzelne Produkt und kann deshalb die Kundinnen kompetent beraten, was sehr geschätzt wird. Auch was die Präsentation betrifft, setzen wir nicht auf plakatives Rot-Schwarz, sondern auf warme, sinnliche Farben und Materialien. In dieser Umgebung sollen sich Frauen rundum wohl und sicher fühlen.

Wer kommt zu Ihnen?
Da gibt es eine bunte Palette. Manchmal sind es Paare, meistens aber Frauen. Zum einen sind es solche, die Freude an der Sexualität haben, egal in welchem Alter. Meine älteste und liebste Kundin ist übrigens 85 Jahre alt und alleinstehend. Ich freue mich so, dass sie immer noch ihre Sexualität lebt und gut für sich sorgt! Dann kommen auch Frauen zu uns, die auf der Suche nach Inspiration für ihr sexuelles Leben sind, die ihr Kopfkino zum Laufen bringen möchten. Andere möchten sich pflegen, schmücken und verschönern. Es kommen aber auch Frauen zu uns, die Probleme auf dem Gebiet der Sexualität haben. Da ich selbst ausgebildete Sexologin und Beckenboden-Trainerin bin und häufig mit Gynäkologinnen und Gynäkologen arbeite, habe ich mir viel Fachwissen angeeignet und kann diese Frauen entweder selbst beraten oder weiterverweisen, wenn es nötig ist.

Um welche Probleme handelt es sich konkret?
Häufig geht es um Schmerzen im Genitalbereich, aber auch um Taubheit in dieser Gegend, um Unempfindlichkeit. Die Ursache liegt oft in einem verspannten Beckenboden. Viele Frauen gehen davon aus, dass ein angespannter Beckenboden eine gute Sache ist. Im Pilates zum Beispiel soll der Beckenboden idealerweise während der gesamten Lektion angespannt sein. Aber für das Lustempfinden sollte der Beckenboden locker und weich sein, nicht verhärtet. Ich erlebe es immer wieder, dass es vielen Frauen gar nicht bewusst ist, wieviel Anspannung sie konstant im Genitalbereich halten. Viele kennen ihren Intimbereich ja kaum.

Wie meinen Sie das?
Ich stelle fest, dass sich Frauen seltener selbst erkunden als Männer das tun. Zugegeben, Männer haben es da leichter. Bei ihnen ist ihr Geschlechtsteil ausserhalb des Körpers. Sie nehmen von Kind auf ihren Penis täglich in die Hand, finden ihn schön und sind stolz darauf. Männer masturbieren auch öfter als Frauen. Bei uns Frauen befindet sich ein grosser Teil unserer Genitalien im Inneren unserer Körper und manche Frauen berühren sich nie in der Vagina. Noch heute ist übrigens in vielen Lehrbüchern für den Sexualunterricht die Klitoris nicht in ihrer ganzen Grösse abgebildet, sondern nur ihr kleiner Kopf, die Klitoris-Perle. Und das im 21. Jahrhundert! Das ist verrückt! So ist es nicht verwunderlich, dass manche Frauen gar nicht wissen, wie sie genau gebaut sind.

Was kann eine Frau gegen Schmerzen oder Taubheit in der Vagina tun?
Egal in welchem Alter, kann eine Frau anfangen, sich selbst kennenzulernen und ihre Vagina zu beleben. Sie kann schmerzhafte Stellen bewusst massieren und dadurch lockern. Ein *Dildo* kann dann hilfreich sein, wenn eine Frau mit ihrer Hand nicht alle Punkte erreichen kann. Auch bei Unempfindlichkeit sollte sie lernen, sich selbst zu erkunden und zwar mit möglichst vielen unterschiedlichen Stimulationen. Durch wiederholtes Berühren entstehen neue Synapsen im Gehirn und mit der Zeit wird der Reiz als Erregung wahrgenommen. Die Vagina reagiert übrigens auf

Druck und nicht auf Reibung. Rein-raus bringt den meisten Frauen also gar nichts. Es gibt *Dildos* mit Saugnapf, die man an die Wand befestigen kann und mit denen man lernen kann, wie man sich richtig bewegt. Von grösster Bedeutung ist jedoch die Atmung. Die meisten von uns atmen nur ganz flach, im oberen Brustbereich, anstatt bis in die Vulva hinunter zu atmen. Wenn eine Frau diese Aspekte berücksichtigt, wird sich mit der Zeit etwas in ihrem Empfinden verändern. Vielleicht nicht gleich am Anfang, aber mit etwas Geduld schon. Man kann es mit dem Erlernen eines Musikinstrumentes vergleichen: Niemand wird als Virtuosin geboren. Wie bei einem Instrument sollte man auch bei der Sexualität üben.

Das klingt anstrengend ...
Die Begegnung mit der eigenen Sexualität sollte in erster Linie Freude machen und nicht einfach zielgerichtet sein. Sexualität und Erotik beginnen ja nicht erst beim Akt selbst, sondern schon viel früher, beispielsweise bei der täglichen Berührung des eigenen Körpers. Viele Frauen sind sinnliche Wesen, sie reagieren stark auf Gerüche und Texturen, auf Düfte und Öle. So kann auch die tägliche Pflege zu einem sinnlichen Ritual werden, bei dem Frauen spüren, was ihnen gefällt. Es ist eine einfache und schöne Art, sich selbst wertzuschätzen.

Also sich möglichst häufig Gutes zu tun?
Ja, das ist essenziell. Manche Frauen bewundern im Laden schöne Dessous und sagen dann: «Mein Mann steht nicht auf so etwas.» Aber das ist doch gar nicht die Frage. Die Frage ist, was den Frauen selbst gefällt. Ich stelle immer wieder fest, dass Frauen sich beispielsweise ganz anders bewegen, viel selbstbewusster, wenn sie etwas Besonderes tragen. Hier könnten wir Schweizerinnen beispielsweise von Französinnen oder Brasilianerinnen lernen. Sie haben oft ein besseres Körpergefühl, stehen zu ihren Kurven, kennen und betonen ihre Vorzüge und finden sich schön. Wir Schweizerinnen sehen häufig vor allem unsere Makel und sind in Sachen Sex manchmal zu pragmatisch.

Bräuchte es einen anderen Blickwinkel?
Ich glaube schon. Ich habe das Gefühl, viele Frauen gehen aus dem Haus und lassen ihre Vulva und Vagina zurück. Nichts soll sich regen, erregen oder gar feucht werden … Ich finde im Zusammenhang mit Sex das Wort «Liebesspiel» wunderbar! Sexualität und Erotik sollten wie ein Spiel mit offenem Ausgang betrachtet werden. Dann bleibt es spannend. Gerade in langjährigen Beziehungen etabliert sich im Alltag ein bestimmter, immer gleicher Ablauf in Sachen Sexualität. Dabei wäre es doch interessanter, ohne Zeitdruck neue Grenzen zusammen auszuloten, unterschiedliche Tempi auszuprobieren. Wir sollten alle mehr spielen!

Gibt es in Sachen Erotik gesellschaftliche Trends, die Sie im Laden spüren?
«Fifty Shades» war sicher der grösste Trend der vergangenen Jahre und hat bei Frauen sehr viel bewegt. Es gibt kaum eine Frau, die die Bücher oder Filme nicht kennt – und sei es vom Hörensagen. Ich glaube nicht, dass alle Frauen wie die Hauptdarstellerin dominiert werden möchten, aber das spielerische Element von «Fifty Shades» hat vielen von ihnen gefallen. Die Bücher und Filme zeigen, wie die Vorfreude und die Fantasie geweckt werden können. Und ich glaube, es hat viele begeistert, wie die Hauptdarstellerin sich gehen lassen kann. Oft sind ihre Augen oder Hände verbunden. Sie muss also nicht jede Berührung erwidern, sondern kann einfach geniessen, sich ganz auf sich und ihre Empfindungen konzentrieren. Das empfinden viele Frauen als erotisch.

Und eine aktuelle Tendenz?
Momentan spüre ich, dass sich mehr Frauen selbst erkunden möchten, um zu erfahren, was ihnen selbst am besten gefällt. Und ich stelle fest, dass die Zahl der Frauen, die mehr Lust als ihre Männer haben, zunimmt. Viele Männer stehen unter grossem Druck im Beruf, was ihre Libido beeinträchtigen kann. Als weiterer Stressfaktor kommt dazu, dass die Stärke ihrer Erektion immer sofort sichtbar ist. Leider wird noch viel zu wenig über Erektionsprobleme gesprochen, weil das Thema noch sehr schambehaftet ist. Aber es ist eine Tatsache, dass Männer nicht immer

«funktionieren» und «performen» können. Sie sind ja schliesslich keine Maschinen. Ich merke auch, dass Männer sich wünschen, dass Frauen in der Sexualität mal die Führung übernehmen, dass sie ihre Lust offen zeigen und den Mann verführen. Das könnte für den Mann entlastend und für beide Partner bereichernd sein, denke ich. Und wenn es darum geht, Druck aus der Sexualität zu nehmen, dann sind *Slow Sex* oder *Tantra* schöne Wege, die man gemeinsam gehen kann. Sie bieten Möglichkeiten, Sexualität losgelöst von Zielen und Erwartungen zu geniessen, zum Beispiel bei einer *Yoni*- oder *Lingam*-Massage.

Kommen solche Themen auch am Polter-Anlass, den Sie anbieten, zum Zug?
Bei einem solchen Anlass geht es darum, vor allem bei der Braut, die ja im Fokus steht, aber auch bei ihren Freundinnen das Bewusstsein dafür zu wecken, dass Sexualität nicht etwas ist, das einfach gegeben ist. Es ist nichts, das von selbst läuft, sondern etwas, worum man sich bemühen muss. Sexualität wandelt sich mit der Dauer einer Beziehung. Wer innerhalb der Partnerschaft weniger Lust hat, hat immer die grössere Macht ... Mit diesen und anderen Fragen muss man sich bewusst auseinandersetzen. Die Sexualität ist ein Puzzle-Teil in einer Beziehung, vielleicht nicht das wichtigste, aber sicher bedeutsam.

Die Bedürfnisse von Mann und Frau sind im Laufe des Lebens oft recht unterschiedlich, nicht?
Die Natur hat das leider nicht so toll eingerichtet: Wenn Männer am potentesten sind, sind Frauen oft noch auf der Suche, wissen noch nicht so, was ihnen gefällt. Dann kommt die Familienphase, die für beide Seiten, vor allem aber für die Frauen sehr anstrengend ist. Wenn dieses Thema abgeschlossen ist, können viele Frauen ihre Sexualität endlich voll geniessen – aber dann ist die Lust mancher Männer schon wieder am Nachlassen. Von daher müsste jede Frau einen jüngeren Mann haben, denke ich.

Oder sich selbst zu helfen wissen. Sie führen verschiedene Toys im Sortiment, wie den inzwischen legendären Womanizer …

Der *Womanizer* war das erste Gerät, das eine Orgasmus-Garantie bot, und es hält, was es verspricht. Aber ich sehe auch, dass manche Frauen, die den *Womanizer* über längere Zeit anwenden, zunehmend Mühe haben, mit der Hand oder beim Sex mit dem Partner zum Orgasmus zu kommen. Die hohe Frequenz der Stimulation bei solchen Geräten macht die Nerven verrückt. Ich finde, man sollte solche Toys nie auf der höchsten Stufe verwenden. Eine tiefe Vibration hingegen kann schöner sein, weil sie die Erregung aufbaut. Das sexuelle Spiel dauert somit länger. Wenn Frauen ihr vaginales Empfinden erwecken möchten, dann können sie ganz wenig Vibration dazu nehmen. Das wichtigste Werkzeug sind jedoch die eigenen Hände – und dazu noch Atmung und Bewegung, um die Erregung aufzubauen und im ganzen Körper zu verteilen. Und man kann man lernen, diese natürlichen Werkzeuge zu gebrauchen. Ich sage immer: Der *Womanizer* ist zielführend, aber das Ergebnis ist wie Fast Food. Ein Orgasmus ohne Toy ist eher wie ein Viergänger. Er ist nährend und seine Wirkung hält lange an.

Wir Frauen sollten also unsere Lust in unsere eigenen Hände nehmen?

Ja, und ich meine das auch im übertragenen Sinn. Beim Solo-Sex ist eine Frau für sich selbst verantwortlich, das weiss jede. Beim Paar-Sex hingegen denken viele, ihr Partner oder ihre Partnerin sei für sie verantwortlich. Aber das stimmt nicht! Ich hole mir meinen Orgasmus selbst – egal, in welcher Situation. Bei Männern kommt er oft wie eine schnelle Entladung, Frauen brauchen meist mehr Zeit. Und das ist doch wunderbar so! Wir dürfen unsere Lust doch geniessen!

Verraten Sie uns zum Schluss noch ein Produkt aus Ihrem Angebot, das unterschätzt oder unbekannt ist.

Gleitmittel wird stark unterschätzt. Viele Frauen denken leider, sie würden es nicht brauchen. Aber für ein ausgiebiges, langes Liebesspiel ist es eine wunderbare Hilfe, die das ganze Erlebnis nochmals schöner macht.

Und für die Beckenbodenpflege empfehle ich einen natürlichen Intimpflegestab aus Porzellanerde, Tropfsteinkristallen und Granatapfelextrakten, der sich in Asien schon seit Langem grosser Beliebtheit erfreut. Man wendet ihn nur einmal pro Woche kurz an, wie ein kleines Ritual. Er reguliert und optimiert die natürliche Flora der Vagina, unterstützt die hormonelle Balance und macht sie sensitiver. Ein richtiger Heilstab!

MEINE GESCHICHTE – EDITH

«Ich träume heute noch, 20 Jahre nach der Trennung, von unserem Sex.»

EDITH, 63 JAHRE ALT, GESCHIEDEN, HAT VIER ERWACHSENE KINDER UND LEBT MIT IHREM PARTNER BERNHARD (64).

Sex findet bei mir eigentlich gar nicht mehr statt. Und das unfreiwillig. Mein Partner Bernhard scheint nicht daran interessiert zu sein. Zu Beginn unserer Beziehung hatten wir schon Sex, aber auch damals nicht besonders häufig und mit der Zeit wurde es immer weniger. Als wir zusammengezogen sind, haben wir schon ziemlich bald getrennte Schlafzimmer eingeführt, weil wir unterschiedliche Bedürfnisse haben, und das sorgte dafür, dass es kaum noch spontane Begegnungen gab. Seltsamerweise glaube ich, dass mein Partner sagen würde, ich sei diejenige, die keinen Sex wolle. Aber so ist es nicht. Also, nicht ganz. Wenn Bernhard mal Sex mit mir möchte – was aber in letzter Zeit kaum mehr vorkommt –, dann kann es zwar schon sein, dass ich nicht darauf einsteige, aber mehr aus einer Enttäuschung heraus ... Wie soll ich das erklären? Ich finde es zwar sehr schade, dass sich der Sex schon so früh aus meinem Leben verabschiedet hat, aber wenn Bernhard dann doch mal zu haben wäre, bin ich überrumpelt und überfordert. Irgendwie lebe ich in einer asexuellen Umgebung und bin inzwischen total aus der Übung. Bernhard und ich sind ein Team, gute Kumpels, aber ein Liebespaar? Ich weiss nicht ... Häufig stört es mich nicht mal so sehr, ich habe mich schon daran gewöhnt. Aber manchmal, wenn ich länger darüber nachdenke, dann finde ich es sehr traurig – so ein Leben ohne jegliche Lust und Leidenschaft.

Mit meinem Ex-Mann war es ganz anders. Franz war ein lebenslustiger, sinnlicher Mann. Wir hatten häufig Sex und es war wunderschön. Er war wagemutig und offen und konnte mich mit seiner Begeisterung anstecken. Wir hatten Sex zu jeder Tages- und Nachtzeit, in der Natur oder im Keller, mal fein und zärtlich, mal schnell und intensiv. Trotz unserer Kinder fanden wir immer wieder Gelegenheiten, zusammen zu kommen. Ich träume auch heute noch, 20 Jahre nach der Trennung, von unserem Sexleben. Er war ein ausgesprochen attraktiver Mann mit einer starken, charismatischen, energiegeladenen Ausstrahlung, war sportlich und entsprechend trainiert, achtete auf gesunde Ernährung und war dennoch vor allem ein Geniesser-Typ. Ja, verdammt nochmal, warum habe ich mich von ihm getrennt und scheiden lassen? Das frage ich mich manchmal, wenn ich nachts alleine in meinem Bett liege.

Ich wollte nur noch raus aus dieser Ehe.

Es war aber eben so, dass Franz nicht nur mir so gut gefiel, sondern auch anderen Frauen. Ich glaube, die Leute würden sagen, dass ich eine hübsche Frau bin, aber Franz spielte in Sachen Attraktivität in einer anderen Liga. Ein richtig schöner Mann halt. Ich war schon immer recht schüchtern und zurückhaltend, hatte Minderwertigkeitsgefühle, weil ich aus ganz bescheidenen Verhältnissen stamme und eine eher schwache Schülerin war. Meine Eltern fanden, eine gute Ausbildung sei bei einem Mädchen eine Verschwendung, und so habe ich eine Lehre im Verkauf gemacht und immer einfache Jobs verrichtet. Mit 22 Jahren war ich bereits Mutter und jedes zweite Jahr kam noch ein Kind dazu. Mit ihnen und dem grossen Haus, das Franz von seinen Eltern geerbt hatte, hatte ich alle Hände voll zu tun.

Als ich gemerkt habe, dass Franz mich betrügt, ist für mich eine Welt zusammengebrochen. Das ganze Dorf wusste offenbar, dass er immer wieder Geschichten mit anderen Frauen hatte – nur ich Trottel habe nichts davon gemerkt. Eine Freundin hat es mir dann erzählt. Ich habe mich so geschämt. Scham darüber, hintergangen worden zu sein, aber auch Scham, weil ich allein ihm offensichtlich nicht genügte. In dieser Situation konnte ich keinen klaren Gedanken fassen. Ich wollte nur noch raus aus dieser Ehe. Ich habe Franz nicht aus dem Haus gejagt, das hätte ich nie geschafft – es war ja schliesslich sein Haus –, sondern bin selbst gegangen. Die drei Kinder, die noch zuhause wohnten, habe ich bei ihm gelassen und ich habe mir eine kleine Wohnung in der Nähe gesucht, damit sie mich besuchen konnten.

Heute kann ich gar nicht mehr nachvollziehen, was mich damals geritten hat. Inzwischen spricht man auch von Sachen wie offener Ehe und von Sex-Freunden, aber damals war so etwas für mich unvorstellbar. Zu jener Zeit gab es für mich nur einen Weg, um mein Gesicht zu wahren: die Trennung. Heute würde ich das nicht mehr so machen. Ich hätte nichts überstürzt, mir Zeit gelassen. Vielleicht hätten wir Gespräche miteinander geführt, um einander besser zu verstehen, und Hilfe von aussen geholt. Ja, Franz hatte Sex mit anderen Frauen. Aber er hat mich geliebt und ich ihn doch auch. Immer ist er zu mir zurückgekehrt, er hat mich nicht verlassen. Hätte mir meine Freundin nichts verraten, hätte ich es wohl nicht einmal gemerkt. Wir hatten es ja gut zusammen …

Nur weil man jemanden lieb findet, stellt sich keine sexuelle Spannung ein.

Oft denke ich, dass ich mich für den falschen Mann entschieden habe. Dass ich bei Franz hätte bleiben sollen, statt mich auf Bernhard einzulassen. Aber als ich am Boden zerstört war, war Bernhard vor Ort. Er hat mein verletztes Ego getröstet. Er war einfühlsam und verständnisvoll und schien mir wie ein Fels in der Brandung, an den ich mich klammern konnte. Heute sehe ich, wie unbeweglich dieser Fels geworden ist. In den letzten drei, vier Jahren hat er etwa 15 Kilo zugenommen und ist immer bequemer geworden. Wir unternehmen ganz selten noch etwas. Die meisten Abende sitzt er vor dem Fernseher – und ich neben ihm. Ich schaue dann auch mit und stricke. Wie meine eigene Grossmutter! Wenn es dann Zeit ist, verzieht sich jeder in sein eigenes Zimmer und das war's dann, bis zum nächsten Tag.

Nach der Scheidung hat Franz eine neue Partnerin gefunden, zehn Jahre jünger als ich, gutaussehend. Als die Kinder alle erwachsen waren, haben sie geheiratet und sind zusammen nach Südafrika ausgewandert. Unsere Kinder besuchen sie regelmässig und auch er trifft die Kinder, wenn er so alle zwei Jahre in die Schweiz kommt. Zu mir ist der Kontakt eher lose. Ich kann ihn nicht besuchen – das würde Bernhard nicht gefallen. Und wenn Franz mal in der Schweiz ist, hat er so viele andere Termine und ich stehe offensichtlich nicht zuoberst auf seiner Prioritätenliste. Schon klar. Es ist vielleicht besser so, sonst wäre möglicherweise meine Sehnsucht nach ihm noch grösser. Und ich weiss ja, dass der Weg zurück zu ihm endgültig versperrt ist. Gewisse Dinge kann man nicht ungeschehen machen.

Fairerweise muss ich aber auch sagen, dass Bernhard ein liebenswerter, guter Mann ist. Obwohl er selbst kinderlos ist, hat er sich immer viel Mühe mit meinen vier Kindern gegeben. Auch in schwierigen Phasen ist er ihnen und mir beigestanden, da war er präsenter als Franz. Aber nur weil man dankbar ist und man jemanden lieb und nett findet, stellt sich keine sexuelle Spannung ein. Ich glaube, Bernhard und ich sind uns irgendwie zu ähnlich. Ich denke, Erotik lebt vom Zusammenspiel von Nähe und Distanz – und bei uns hat es eindeutig zu viel altvertraute Nähe. Das Zusammensein ist gemütlich, ja, aber es fehlt der Kitzel.

Ich habe das Gefühl, dass ich momentan nur auf meine Pensionierung warte, und hoffe, dass ich dann mehr Zeit habe, um vielleicht doch noch etwas in meinem Leben zu ändern. Aber eine Trennung von Bernhard hätte auch existenzielle Auswirkungen auf mich. Ich habe nie gut verdient und meine Rente ist entsprechend klein. Ich konnte nicht viel auf die Seite legen, immer wieder brauchten die Kinder einen Zustupf und ich besitze kein Eigentum. Ich fürchte, dass ich mir eine Trennung von Bernhard gar nicht leisten könnte. Schlimm, wenn man solche Überlegungen anstellen muss, anstatt seinem Herzen zu folgen, ich weiss.

Ich möchte nochmals jede Faser meines Körpers spüren.

An sich bin ich lebensfroh, ich geniesse ein gutes Essen und ein gutes Glas Wein dazu, ich lache gerne und mache mich gerne schön. Ich liebe Musik, bewege mich gerne in der Natur, mag Kinder und Tiere. Ich glaube, mit dem richtigen Mann würde ich nochmals aufblühen und könnte meine Sinnlichkeit wiedererwecken. Ich möchte nochmals jede Faser meines Körpers spüren, mit jemandem zusammen sein, von dem ich die Finger nicht lassen kann, der mich überwältigt und der mir das Gefühl gibt, dass er mich total begehrt, so wie ich ihn. Dass wir nachts stundenlang Sex haben können und am nächsten Morgen immer noch nicht genug voneinander haben. Aber die Frage ist, ob ich noch eine Chance bekomme, das alles zu erleben. Ob ich mir selbst diese Chance gebe. Ich weiss, dass ich selbst aktiv werden muss, aber es ist so schwierig. Ich merke, dass ich in meiner Haltung passiv bin. Ich erwarte, dass ein Mann kommt und mich «rettet», mich aus meinem Leben «entführt», das ich selbst langweilig und banal finde.

Eine junge Frau würde das heute wohl gar nicht mehr so sagen – oder so sagen dürfen. Die heutigen jungen Frauen scheinen alle so selbstbewusst zu sein. Oder wenigstens geben sie sich so. Ich hingegen war immer unsicher und nicht wirklich mutig und im Alter ist es nicht besser geworden. Meine Freundinnen wollen mir helfen und raten mir, ein Profil auf einer Dating-App zu erfassen, zu flirten, wann immer sich die Gelegenheit bietet, es mir selbst mit Sex-Spielzeug schön zu machen. Aber irgendwie finde ich immer Gründe, warum es gerade nicht passt. Und so sitze ich am Abend wieder mal auf dem Sofa neben Bernhard, anstatt mich in einem fremden Bett mit einem heissen Mann zu wälzen.

MEINE GESCHICHTE – LEONA

«Was ist schon normal?»

LEONA, 48 JAHRE ALT, VERHEIRATET MIT SILVANO (56), DREI KINDER IM TEENAGERALTER, FREI LIEBEND.

Unsere Liebesgeschichte begann für mich wie ein Märchen: Eine hübsche, sportliche, etwas scheue 24-jährige Frau lernt einen wunderschönen, etwas zurückhaltenden, sehr intelligenten, sportlichen 32-jährigen Mann kennen. Die beiden verlieben sich unsterblich, ziehen in ihre erste gemeinsame Wohnung, heiraten bald darauf im Kreise ihrer Familie und Freunde, fahren auf Hochzeitsreise und sind überglücklich. Fünf Jahre später werden sie zum ersten Mal Eltern, weitere fünf Jahre später ein zweites Mal, drei Jahre später ein drittes Mal. Apropos drittes Mal: Als Kind hatte ich bis weit in die Teenagerzeit angenommen, meine Eltern hätten genau zweimal in ihrem Leben miteinander Sex gehabt, nämlich zur Zeugung ihrer beiden Kinder.

Meine sexuelle Aufklärung beschränkte sich auf die mir von früh auf immer wieder eingeschärfte Maxime, nur ja keinen Sex vor der Ehe zu haben. Denn die voreheliche «Entjungferung» bringe die Frau um ihren innersten Wert, raube ihr jede Würde und führe nämlich sowieso direkt ins Verderben. Und Masturbieren sei auf alle Fälle «abnormal», eine Entwicklungsstörung, eine schwere Sünde, und werde von Gott bestraft.

Derart eingeschränkt von christlich-fundamentalistisch geprägten Ideen, wusste ich herzlich wenig über Sexualität. Geschweige denn, dass ich mir erlaubt hätte, vor der Ehe konkrete sexuelle Erfahrungen zu sammeln. So kam es, dass Silvano und ich in sexuellen Dingen gleichermassen wenig

Erfahrung oder Kenntnisse hatten. Wir gingen beide davon aus, dass, weil wir einander aus tiefstem Herzen liebten, alles Sexuelle schon irgendwie klappen würde. Die ersten Jahre unserer Ehe erlebte ich es auch so. Ich würde diese Zeit aus meiner Sicht als sexuell erfüllend bezeichnen. Damals kannte ich ja nichts Anderes. Wir erlebten zusammen einen gewissen Grad an Nähe und Intimität.

Unsere sexuellen Begegnungen wurden rarer.

Die Zeit, als unsere Kinder klein waren, habe ich als intensive Phase in Erinnerung. Unsere sexuellen Begegnungen wurden rarer. Ich war damals zu beschäftigt, als dass Sexualität eine meiner Prioritäten hätte sein können, und Silvano beklagte sich nicht. Wir teilten weiterhin ein Bett, begegneten uns ab und zu sexuell. Als unsere Kinder etwa sechs, neun und 14 Jahre alt waren, stritten wir häufig. Es ging dabei oft um meinen Wunsch nach tiefer erfahrbarer Nähe, Intimität, Zärtlichkeit und darum, dass Silvano sich dadurch bedrängt fühlte. Bei ihm entwickelte sich eine für mich sehr belastende Erektionsstörung. Silvano meinte, das sei ganz normal in einem gewissen Alter. Ich wusste nicht, ob das «normal» war, denn ich hatte keine Vergleichsmöglichkeiten. Und was ist schon «normal»? In unserem Freundes- und Bekanntenkreis war Sexualität kein Thema, das frei angesprochen werden konnte. Als Silvano schliesslich auf meinen Wunsch hin nach etwa zwei Jahren zum Urologen ging, ergab die Abklärung keine organischen Ursachen für die – verglichen mit dem Durchschnittsmann – bei ihm eher selten stattfindenden und wenig stabilen Erektionen. Der Urologe fragte Silvano, ob seine Ehefrau etwa «Druck mache», denn Druck sei in dieser Situation kontraproduktiv. Dadurch hatte ich nicht nur mit der aus meiner Sicht zu wenig gelebten Sexualität und der fehlenden Kommunikation darüber zu kämpfen: Nun bekam ich noch den Eindruck, für die schwierige Situation ganz allein verantwortlich zu sein.

Silvano und ich beschlossen, getrennte Schlafzimmer einzuführen. Ich hoffte, dass wir uns durch den so entstandenen Freiraum wieder sexuell annähern würden. Leider war das nicht der Fall. Silvano genoss es, die Nächte allein zu verbringen. Ich hingegen fühlte mich nachts oft einsam. Mir fehlte die Körpernähe, seine Hand zu halten, wie wir es früher getan hatten, und ja, auch der Sex. Eine Sexualberaterin riet uns, fixe Termine für Intimität und Zärtlichsein zu vereinbaren. Dann werde sich die Sache möglicherweise wieder einrenken.

Nie hätte ich damals die Monogamie infrage gestellt.

Von nun an hatten wir so alle zwei Wochen einen Termin für Sex oder Zärtlichkeit oder was auch immer passieren würde. Ausserhalb der festgelegten Termine tauschten wir kaum je liebevolle Berührungen aus, geschweige denn, dass es zu Sex gekommen wäre. Diese Situation wurde für mich immer unerträglicher. Ich fühlte, dass sich meine Sexualität und damit ein wichtiger Teil meiner Persönlichkeit nicht weiterentwickeln konnte. Mir wurde bewusst, dass ich so vieles noch nie entdeckt hatte: zum Beispiel ausgiebige, genussvolle gegenseitige orale und manuelle Stimulation, intensives Küssen und Liebkosen der Brüste, wechselnde Positionen, einander ausgiebig am ganzen Körper streicheln und mit Zunge und Fingern überall verwöhnen, wellenartige Orgasmen, *Squirten*, anale Berührungen, das Erforschen von *Slow Sex*, *Tantra*, die Erfahrung, eine *Lingam*-Massage zu geben oder eine *Yoni*-Massage zu empfangen, Ekstase. Damals kannte ich diese Erfahrungen höchstens aus Büchern. Meine Wünsche, die ich nun immerhin formulieren und anbringen konnte, fanden bei Silvano wenig Gehör. Mir wurde langsam klar, dass ich selbst auf Entdeckungsreise gehen musste.

Bis zu diesem Zeitpunkt hätte ich die Monogamie niemals infrage gestellt. Ich bin nie fremdgegangen – Heimlichkeit und Lügen laufen meiner

Vorstellung von Ehrlichkeit und Vertrauen völlig zuwider. Und auf die für unsere Situation naheliegendste Lösung, die offene Ehe, bin ich lange nicht gekommen. Stattdessen übte ich mich in der Verfeinerung meiner Selbstbefriedigungstechniken. Ich verschlang Bücher über Sexualität, Intimität und Zärtlichkeit und besuchte Online-Seminare über «Wellen der Ekstase», über *Lingam*-Massagen und *tantrische* Praktiken. Die Bücher schilderten jedoch völlig andere Ausgangslagen als meine eigene und halfen mir nicht wirklich weiter. Ich begann, mit Freundinnen vermehrt und detaillierter über meine konkrete Situation zu sprechen. Sie berichteten von völlig anderen Erfahrungen: Bei ihnen schien es häufig so zu sein, dass ihre Männer öfter Sex haben wollten als den Frauen lieb war. Manche erzählten mir, sie würden ihren Mann gezielt mit Sex-Entzug bestrafen, bis er sich wieder so verhielt, wie sie es wünschten. Sex als Belohnung. Puh! Bei uns war es definitiv anders. Aber wie weiter?

Wir verstanden die Öffnung nicht als Untreue.

Mit 46 Jahren realisierte ich endlich, dass meine Sexualität nicht das Produkt einer glücklichen Ehe sein konnte. Dass ein erfülltes Sexualleben nicht plötzlich aus dem Nichts heraus vom Himmel fällt. Dass weder Silvano, der Mann meines Lebens, noch meine Eltern und meine verklemmte Erziehung, noch unsere Sexualtherapeutin, noch irgendein Buchautor, noch alle Seminare dieser Welt, sondern nur ich selbst für meine Sexualität zuständig bin. Niemand sonst.

Ich beschloss, mich intensiv und kompromisslos, sowohl theoretisch als auch praktisch, mit meiner Sexualität auseinanderzusetzen. Von da an nannte ich mein Vorhaben halb im Scherz und halb im Ernst mein «Forschungsprojekt». Damals kamen mir Bücher wie «Treue ist auch keine Lösung», «Ehe ohne Sex», «Drei sind keiner zu viel», «Sex – die wahre Geschichte», «111 Gründe, offen zu leben», «Lob der offenen Beziehung»,

«Sie hat Bock», «In manchen Nächten habe ich einen Anderen» und das wunderbare Buch «Schlampen mit Moral» in die Finger. Neugierig verschlang ich sie alle, fasste Mut und beschloss, «Forschungsmitarbeiter» für mein neues Projekt zu suchen. Zum ersten Mal in meinem Leben meldete ich mich bei einer Dating-Plattform an.

Silvano und ich entschieden uns, unsere Ehe zu öffnen. Wir verstanden diese Entscheidung nicht als Untreue einander gegenüber, sondern als Treue gegenüber uns selbst. Nach über 20 Jahren sexueller Exklusivität wagten wir den Schritt in die Nicht-Monogamie. Es war ein Quantensprung. Der Tag der Öffnung ist für uns beide bis heute ein denkwürdiger Moment.

Das erste Date mit einem anderen Mann war eine grosse Mutprobe für mich. Wir hatten einander seit Wochen geschrieben. Der Mann, den ich treffen wollte, war in einer ähnlichen Situation wie ich. Als wir uns zum ersten Mal begegneten, wusste ich nach 30 Sekunden, dass es eine wichtige und sehr gute Erfahrung werden würde. Es war wundervoll, eine eigentliche Offenbarung! Endlich, endlich war es möglich: Sexualität auf gegenseitigen Wunsch ausgiebig, innig, nah, variantenreich und unbelastet zu erfahren. Wir kannten einander kaum und doch waren diese Nähe und Vertrautheit und eine offene Kommunikation unserer Körper sofort da. Es schien mir wie ein Wunder. Eine unfassbare Erfahrung! Sie öffnete mir das Tor zu einer ganz neuen, offenen, frei und authentisch gelebten Sexualität. Wir konnten über alles reden und einander alles beschreiben, jeden Wunsch und jede Fantasie.

Ich lernte, meine sexuellen Wünsche zu formulieren.

Auf das erste Date folgten weitere Treffen mit anderen Männern. Jede Begegnung war wertvoll. Ich lernte, meine Wünsche zu formulieren, und war sehr erfreut, dass sie auf Resonanz stiessen und dass über sexuelle

Themen offen gesprochen werden konnte. Ich lernte meinen Körper in Bezug auf seine sexuellen Erfahrungsmöglichkeiten kennen. Ich habe erfahren, wie es ist, in meine Lust zu kommen und darin zu verweilen. Wie sie sich wellenartig ausbreitet im ganzen Körper. Wie die Lust sich ausdehnen, zurückgehen und sich wieder ausdehnen kann. Wie es ist, sich in dieses Gefühl bedingungslos und tief hineinfallen zu lassen. Wie die Lust des Mannes, der mich begehrt und mit mir Liebe macht, auf mich überschwappt, mich überrollt, mir selbst höchste Lust bereitet. Wie es ist, sich in der Ekstase zu verlieren. Einen Mann oder überhaupt einen Menschen, egal welchen Geschlechts, in seiner oder ihrer Lust zu sehen und zu spüren, ist so wunderschön, ja, so lustvoll. Ich lernte, dass eine sexuelle Begegnung einfach als solche schön, erfüllend und sehr stimmig sein kann. Auch, wenn es nicht die sogenannte «grosse Liebe» ist. Was ist überhaupt Liebe? Grosse Liebe? Kleine Liebe? Mein Weltbild hat sich auf meiner Reise radikal gewandelt.

Einige Zeit später entdeckte ich mit einem wundervollen Mann, den mir das Leben als Liebespartner schenkte, *Slow Sex*. Wieder eröffnete sich mir eine neue Welt; eine Erfahrung jenseits von Orgasmus und Ekstase. Einfach zusammen Da-Sein. Innig, nah, stundenlang. Ich lernte, wie die Körper einander intuitiv selbst führen. Wie sich die Reise selbst gestaltet. Wie ganz feine Empfindungen plötzlich wahrnehmbar werden: Impulse aus der *Yoni*, aus dem *Lingam*, die einander spüren, miteinander pulsieren. Wie es ist, einzuschlafen während des sexuellen Zusammenseins.

Ich bin ein sexuell empfindendes Wesen.

Im *Slow Sex* lernten wir beide, uns ganz dem Moment hinzugeben. Ohne eine Vorstellung davon, wie unser sexuelles Zusammensein weitergehen könnte oder sollte. Die einzige Voraussetzung für die *Slow-Sex*-Erfahrungen war, dass wir beide ungestört Zeit hatten. Wir nahmen uns diese Zeit immer wieder. Dann schalteten wir unsere Handys aus, strichen alle Termine und widmeten uns stundenlang nur den neuen Erfahrungswelten, die über das hinausgingen, was uns unsere Prägungen, unsere Geschichte, unsere Vorstellungen gelehrt hatten.

Nun habe ich die sexuelle Liebe mit Menschen geteilt, welche sie empfangen wollten, und teile sie weiter. Meine Situation ist in unserer Gesellschaft unüblich: eine Ehe, in welcher die Frau ihre Sexualität ausserhalb dieser Beziehung lebt, und in welcher der Mann die gemeinsame Paar-Sexualität ad acta gelegt hat. Aber auch das ist für mich einfach das Leben. Was ich im Scherz «mein Forschungsprojekt über Sexualität» nannte und was zu Beginn noch wie eine zaghafte Abenteuerreise begann, wurde ein intensiver Weg.

Heute kann ich sagen: Ich bin ein sexuell empfindendes Wesen. Ich mag meinen Körper. Zurzeit – vielleicht ändert sich das auch wieder im Laufe des Lebens, wer weiss das schon – mag ich Sex und finde seine vielen Ausdrucksformen faszinierend. Immer wieder mit meinem Liebespartner nah und intim sein. Die Nacht zusammen verbringen, mal schlafend, mal wachend. Morgens gemeinsam aufwachen. Spüren, wie wir sexuell und lustvoll zusammen sind. Sei es beim gemeinsamen gemütlichen Kuscheln, sei es in wunderbaren *Slow-Sex*-Stellungen vereint und im Zwiegespräch verbunden. Sei es alleine, zu zweit oder ab und zu auch mit anderen lieben Menschen, mit welchen wir Sexualität erfahren und erkunden. All diese Erfahrungen machen für mich einen wesentlichen Teil des Lebens aus. Dabei kreuzen je nach Standort genau jene Menschen meinen Weg, die ihn mit mir ein Stück weitergehen können. Das ist wundervoll und dafür bin ich tief dankbar.

MEINE GESCHICHTE – KATHERINE

«Zwischen Sex und Liebe sehe ich keinen Zusammenhang.»

KATHERINE, 49 JAHRE ALT, VERHEIRATET MIT ANDREAS (50), HAT EINEN SOHN, 17, UND EIN NON-BINÄRES KIND, 21, UND FÜHRT EINE OFFENE EHE.

Seit fast 30 Jahren sind Andreas und ich zusammen. Wir haben zwei gemeinsame Kinder. Das eine ist erwachsen und das andere auch bald. Unsere Ehe ist für meinen Mann und mich unsere Hauptbeziehung. Wir sind für einander die «Nummer 1» und anderen Partnern und Partnerinnen gegenüber kommunizieren wir diese Hierarchie ganz klar. Meine ersten sexuellen Erfahrungen habe ich mit einer Frau gemacht. Ich sagte Andreas von Anfang an: «Ich bin bisexuell und will meine Frauen weiterhin treffen.» Er hat es sofort akzeptiert. Ich finde Frauenkörper genauso toll wie Männerkörper. Vor meinem Mann hatte ich zwei längere Beziehungen mit Männern. Einer von ihnen hatte mit meiner Bisexualität grosse Probleme. Andreas ging von Anfang an sehr gut damit um und zeigte sich tolerant. Hätte ich auf Erfahrungen mit Frauen verzichten müssen, hätte ich mich verleugnet. Während der ersten Jahre unserer Ehe habe ich mit Wissen meines Mannes auch Frauen getroffen. Er hingegen lebte monogam. Anfangs wunderte ich mich, warum er keine anderen Frauen treffen wollte. Ich verstand nicht, dass er dieses Bedürfnis nicht hatte. Ich vermutete, dass Andreas sich fürchtete, nicht allen Beziehungen gerecht werden zu können. Lange Zeit datete ich ausserhalb unserer Beziehung ausschliesslich Frauen. Damals war die Kommunikation über die offene Ehe unüblich und auch heute noch gibt es kaum Menschen in unserem Freundes- und Bekanntenkreis, die in einer offenen Beziehung ähnlich leben wie wir. Die meisten Leute, die ich kenne, leben seriell monogam und gehen auch fremd.

Unsere Kinder waren zwei und sechs Jahre alt, als wir unsere Ehe ganz öffneten und wir in der ersten Phase Swingerclubs besuchten. Später begann auch Andreas, andere Frauen zu daten. Wir haben die Kinder nicht darüber informiert, weil wir dachten, sie seien zu klein, um diese Information zu verarbeiten. Das würden wir heute rückblickend anders machen. Weil wir es ihnen nicht gesagt haben, nahmen sie leider eine Zeit lang an, wir würden uns gegenseitig betrügen. Das war unnötig. Uns war es aber wichtig, sie über unsere Beziehungsform zu informieren. Mit unseren Kindern, die inzwischen gross sind, spreche ich grundsätzlich nicht im Detail über mein Sexleben. Ich möchte auch nicht, dass sie mir erzählen, wie ihr Sexleben aussieht. Es gibt Dinge, die ich nicht mit meinen Kindern bespreche. Meinem Mann hingegen erzähle ich gerne von meinen Dates. Wenn ich, als grundsätzlich neugieriger Mensch, ihn nach seinen Erlebnissen frage, erzählt auch er mir sehr gerne davon.

Es ist nicht gut, Annahmen zu treffen.

Mit Neid und Eifersucht hatten wir nie Probleme. Ich bin nicht neidisch auf Menschen, die mit Andreas zusammen sind. Nur einmal ist es vorgekommen, als er eine ganz tolle Frau traf, die mir auch sehr gefiel, die aber leider nicht bisexuell war. Ich war nicht auf sie neidisch, sondern auf ihn, da er nämlich mit ihr zusammen sein durfte und nicht ich. Andreas und ich können über alles offen reden und ich glaube, wir unterhalten uns öfter über unsere Gefühle und was unsere Beziehung angeht als monogame Paare. Eine wichtige Erkenntnis ereilte mich in einem dieser Gespräche. Nämlich, dass es nicht gut ist, Annahmen zu treffen. Wenn Andreas oder ich Annahmen treffen, sind Missverständnisse nicht zu vermeiden. Deshalb fragen wir nun immer nach. Dies hat sehr viel in unserer Kommunikation verändert und so manchen Streit verhindert.

Sex spielt in meinem Leben eine sehr wichtige Rolle. Eine Beziehung ohne Sex wäre für mich unvorstellbar. Andreas und ich verspüren auch jetzt noch eine starke gegenseitige Anziehung. Wir und unsere Körper haben sich mit der Zeit verändert. Von der Hülle her betrachtet, sind wir vielleicht nicht mehr so sexy wie mit 20. Da wir aber wissen, welche Qualitäten der Hauptbeziehungsmensch im Bett hat und – direkt gesagt – welche Fertigkeiten er entwickelt hat, kann aufgrund dessen viel passieren. Nicht unbedingt visuell, sondern mit allen Sinnen. Meine körperliche Beziehung zu Andreas ist sehr sensuell. Darüber hinaus wissen wir voneinander genau, was uns stimuliert. Ich stelle mir vor, wie es sich anfühlt, wenn er mich da oder dort küsst, mich dort so oder so berührt, wenn er das oder dieses macht, und weiss, es ist genau das, was mich antörnt.

In die Menschen, mit denen ich Sex habe, verliebe ich mich nicht.

Zwischen Sex und Liebe sehe ich keinen Zusammenhang. Ich weiss, dass viele Menschen das verknüpfen, aber bei mir war das nie so. Ich war einmal unglaublich in einen Mann verliebt, hätte mir aber nicht vorstellen können, mit ihm körperlich zusammenzukommen. Umgekehrt habe ich Männer getroffen, die ich heiss fand und mit denen ich guten Sex hatte, die mich als Person jedoch nicht interessierten. Auf die Dauer geht das dann für mich aber auch nicht. Der Mensch, mit dem ich Sex habe, muss etwas in der Birne haben. Auch eine gepflegte Kommunikation ist mir wichtig. Ansonsten könnte ich mir auch einen Sexarbeiter bestellen, wenn ich nur auf Sex aus wäre.

In die Menschen, mit denen ich neben meinem Hauptsexpartner Sex habe, verliebe ich mich nicht. Der Mann, den ich momentan date, ist cool. Ich mag ihn und es ist für mich mehr als nur ein «Sex-Ding». Aber verlieben? Ich freue mich, wenn ich ihn sehe – das schon. Wenn aber mein Mann eine Woche lang weg ist und wieder heimkommt, verspüre ich mehr Herzklopfen. Eine zweite Liebesbeziehung könnte ich, ehrlich gesagt, gefühlsmässig gar nicht managen. Dieser andere Mann weiss das. Ich bin einfach nicht gemacht, um viele Menschen wirklich zu lieben. Ich würde mich darum auch nicht als *polyamor* bezeichnen. Es dauert lange, bis ich zu jemandem sage: «Ich hab' dich gern». Und «Ich liebe dich» sage ich ausschliesslich zu meiner Mutter, meinen Geschwistern, meinen Kindern und meinem Mann.

Meine Mutter ist erzkatholisch.

Ich bin nicht sehr frei aufgewachsen. Meine Mutter stammt aus dem Rheinland und ist erzkatholisch. Mein Vater war ihr erster Sexualpartner. Erst nach seinem Tod hatte sie wieder Sexualpartner und zwei feste Partner. Wenn ich meiner Mutter eine Frage über Sexualität stellte, sagte sie jeweils nur: «Davon habe ich keine Ahnung. Da müsstest du jemand anderen fragen.» Diese Antwort fand ich sowohl ehrlich als auch cool. Aufgeklärt wurde ich von meinem Bruder, der sieben Jahre älter ist. Als ich begonnen habe, das Teenie-Magazin «Bravo» mit den berühmten Aufklärungsseiten von Dr. Sommer zu lesen, war meine Mutter überhaupt nicht begeistert. Ich habe es deshalb heimlich im Keller gelesen. Trotz ihrer Prägung war meine Mutter aber sehr liberal, wenn man bedenkt, in welcher Zeit sie aufgewachsen ist. Sie erlaubte mir unter anderem, dass meine Boyfriends bei mir im Zimmer übernachten durften. In meiner Jugend hatte ich kein einziges negatives sexuelles Erlebnis. Ich hatte damals eine richtig gute Frauenärztin. Sie hat mir in den 80er-Jahren schon erklärt, dass es so etwas wie ein Jungfernhäutchen gar nicht gibt. Es gibt einfach Gewebe, das mehr oder weniger eng sein kann. In der Medizin redet man heute noch von einem Hymen oder umgangssprachlich eben einem Jungfernhäutchen, was schlicht nicht korrekt ist. Bei uns im Dorf lebte ein lesbisches Paar ganz offen und als Fünfzehnjährige bin ich auf sie zugegangen mit all meinen Fragen. Von diesen beiden Frauen habe ich ganz viel erfahren. Das war toll!

Als ich 16 war, hatte ich eine Freundin aus Indien, deren Mutter sehr aufgeschlossen war. Sie erzählte mir vom *Squirten* und wir probierten es gemeinsam aus. In Indien wird das *Squirten* von Frauen richtig gefeiert. Es gibt sogar spezielle Gefässe dafür. Seither *squirte* ich regelmässig. Ich kann es bewusst steuern und es kommen jeweils drei bis vier Deziliter Flüssigkeit. Es fühlt sich noch intensiver an als ein Orgasmus. *Squirten* kann ich am besten beim Masturbieren. Ich übe dabei, was sich wie anfühlt und worauf ich achten will, wenn ich wieder Paar-Sex habe. Manche Männer finden das *Squirten* sehr anregend, andere weniger. Alle Frauen, mit denen ich bisher zusammen war, fanden es toll. Es ist wohl ganz unterschiedlich.

Die sexuelle Identität ist von innen her angelegt.

Ich glaube, die sexuelle Identität ist nicht prägbar, sondern von innen her angelegt. Dass ich bisexuell bin, merkte ich schon mit neun Jahren. Da habe ich abwechslungsweise für ein Mädchen und dann wieder für einen Jungen geschwärmt. Beim Daten sind Frauen für mich schwieriger zu finden als Männer. Lesbische Frauen sind oft der Meinung, ich sei als Bisexuelle nicht ganz «richtig». Heterosexuelle Menschen sind, nach den von mir gemachten Erfahrungen, in der Regel offener gegenüber der Bisexualität. Was ich mir nicht vorstellen könnte, ist eine Lebenspartnerschaft mit gemeinsamem Wohnsitz mit einer Frau zu haben. Ich glaube, da gäbe es zu viele Ähnlichkeiten. Die unterschiedlichen Körper von Mann und Frau finde ich interessant und faszinierend. Wenn ich eine Brust und eine Vulva liebkose, so ist das etwas ganz Anderes, als wenn ich einen Penis verwöhne. Manchmal kann ich bei einer Frau eher davon ausgehen, dass etwas, was mir selbst gefällt, ihr auch gefallen könnte. Obwohl das nicht immer der Fall ist. Auch mit Frauen rede ich viel über ihre und auch meine Bedürfnisse.

Früher war ich lange Zeit orgasmusorientiert. Für mich war Sex gleich Orgasmus. Dann besuchten mein Mann und ich ein *Tantra*-Seminar. Dort realisierte ich, dass der Orgasmus nicht unbedingt sein muss. Interessant ist, dass ich seither die besseren Orgasmen habe. So nach dem Motto: «Lass es mal werden. Wenn ich keinen Orgasmus habe, ist es egal, sonst ist es auch gut» – und wenn dann einer kommt, ist er viel intensiver. An der Orgasmus-Technik selbst habe ich übrigens nichts geändert. Nur an meiner Einstellung zum Orgasmus.

Ich mag ganz unterschiedliche Arten von Sex. Manchmal harten Sex, manchmal sinnlichen. Das ist bei mir sehr stimmungsabhängig und nicht an ein Geschlecht gebunden. Eine meiner geilsten *Bondage*-Sessions hatte ich mit einer Frau. Früher, als Kind, fühlte ich mich jeweils sehr wohl, wenn ich ganz eng in einer Decke eingerollt war. Je nach Fesseltechnik ist das Gefühl ähnlich. Ich fühle mich in dieser Enge sehr geborgen. Ich würde nicht mit einem ersten Date eine *Bondage*-Session machen, sondern nur mit Menschen, die ich gut kenne, oder mit jemandem, von dem ich weiss, dass er *Bondage* professionell anbietet. *Bondage* ist ein schwächerer Teil des *BDSM*-Spektrums und hat nichts mit Brutalität zu tun, auch wenn viele Menschen das glauben. Es gibt Tage, an denen ich beim Sex die Devote sein möchte, und andere, an denen ich dominant sein möchte. Je nach Stimmung. Am *BDSM* fasziniert mich, dass ich ständig mit meinem Gegenüber in Kontakt bin. Der Schmerz, den du zufügst, soll lustvoll sein, deshalb muss man die Grenzen von Anfang an ganz klar festlegen.

Wir Menschen sind nicht monogam.

Andreas und ich stehen auch auf organisierte *Kinky*-Partys. Am letzten Anlass, den wir besucht haben, war die jüngste Teilnehmerin 18 und die älteste 77 Jahre alt. Diese Mischung liess das Fest für Andreas, mich und ich denke auch für die anderen Teilnehmenden zu einem geilen Erlebnis werden. Dort traf ich eine Frau mit französischem Akzent und es war um mich geschehen. Sie spielte im Verlauf des Abends meine strenge Lehrerin. Es war mega! Sollte es mal eine *Kinky*-Kreuzfahrt geben, wäre ich sofort dabei. Andreas und ich waren mal auf einer *Tantra*-Kreuzfahrt. Eine super Erfahrung! Auf dem Schiff gab es keine andere Ablenkung und so konnten wir alle ganz bewusst in die wunderbare *Tantra*-Welt eintauchen. Für Andreas und mich war diese Reise eine wertvolle Erfahrung, von der wir bis heute zehren können.

Wenn ich mit Bekannten über unsere offene Ehe rede, höre ich manchmal: «Das geht nicht. Da macht ihr euch gegenseitig etwas vor.» Sie denken, unsere Lebensform bedeute, dass etwas in der Beziehung nicht mehr stimmt, dass wir einander nicht genügen würden. Aber dem ist nicht so. Ich habe das Gefühl, wir Menschen sind nicht monogam. Andreas und ich sind schon lange zusammen. Die Erfahrungen und die Verbundenheit, die wir erlebten, erleben und erleben werden, kann uns niemand mehr nehmen. Wir sind sehr jung zusammengekommen und es hätte schiefgehen können. Aber wir haben Glück gehabt und uns offensichtlich ähnlich entwickelt. Was uns dabei geholfen hat und hilft, ist, dass wir immer in Kontakt bleiben und dass wir ähnliche sexuelle Interessen und Bedürfnisse haben.

«Lieben und lieben lassen» – das wünsche ich mir für die kommende Generation, für die Menschheit überhaupt. Es ist egal, wer wie wen liebt. In erster Linie sind wir Menschen. Ist es wirklich wichtig zu wissen, welche sexuelle Orientierung jemand hat? Ist es wichtig zu wissen, ob mein Gegenüber ein Mann, eine Frau oder etwas Anderes ist? Für mich ist die sexuelle Orientierung nur wichtig, wenn ich mit dieser Person Sex haben möchte. Eins unserer Kinder bezeichnet sich als *non-binär*. Für den Umgang mit *Transgender*-Menschen würde ich mir von der Gesellschaft wünschen, dass ihnen keine intimen Fragen bezüglich des Inhalts der Hose gestellt werden. Mich hat ja schliesslich auch noch niemand danach gefragt. Des Weiteren bitte ich die Menschen von «Geschlechtsanpassung» und nicht von «Geschlechtsumwandlung» zu sprechen. Das wäre schön.

IM GESPRÄCH MIT PATRICK ANGELE

«Squirten ist für jede Frau wieder anders.»

PATRICK ANGELE, 36 JAHRE ALT – MEDIZINISCHER MASSEUR FA SRK, DIPL. TANTRAMASSEUR, SEXOLOGICAL BODYWORKER, YOGA-LEHRER, INHABER DER MASSAGEPRAXIS «ANGELE MASSAGE»

Patrick Angele, Sie bieten Squirting-Massagen an. Was können wir uns darunter vorstellen?

Es handelt sich dabei im Prinzip um eine klassische *Tantramassage*, wobei das Thema *Squirten* vorgängig besprochen wird und der Fokus während der Massage auf der Stimulation der weiblichen Prostata liegt, die auch als G-Fläche bekannt ist. Momentan wird ja viel über das *Squirten*, also über die *weibliche Ejakulation* berichtet; es ist in den Medien und in der Pornografie ein präsentes Thema. Manche Frauen möchten ganz konkret mehr darüber erfahren und buchen deshalb eine *Squirting*-Massage. Ein wichtiger Teil meines Angebots ist einerseits die anatomische Aufklärung, andererseits aber auch die Erforschung des persönlichen Weges der Frau. Hier geht es oft darum, wie sie loslassen kann und was sie rund um das Thema *Squirten* bereits erlebt hat. Gibt es Schamgefühle bezüglich des *Squirtens*? Wie ist es für die Frau, ihre Erregung und Lust so klar und sichtbar nach aussen zu zeigen, wie das sonst eher Männern vorbehalten ist? Beim *Squirten* geht es auch um das Thema Loslassen: alles nass machen, eine «Sauerei» machen, alles rauslassen zu dürfen. Um Scham abzubauen, hilft es, diese zu benennen und Fragen zu klären. Bei der Massage erkläre ich ganz konkret, was gerade geschieht, zum Beispiel, dass es ein schmatzendes Geräusch gibt, wenn die Prostata stimuliert wird, weil sie sich mit Flüssigkeit füllt.

Seit ich *Squirting*-Massagen auf meiner Webseite anbiete, ejakulieren übrigens auffallend mehr Frauen auch bei herkömmlichen *Tantramassagen*, ohne ausdrücklich eine *Squirting*-Massage gebucht zu haben. Ich denke, das hat viel mit dem Wissen zu tun, dass *Squirten* hier erlaubt und völlig okay ist.

Können Sie uns mehr über das Squirten erzählen?
Etwa 70 Prozent aller Frauen *squirten* beim Orgasmus. Einige tun dies jedoch – je nach ihren anatomischen Gegebenheiten – nach innen, in die Blase. Die Flüssigkeit ist häufig hell und leicht ölig, kann jedoch in Aussehen und Konsistenz stark variieren, auch abhängig davon, wo die Frau in ihrem Zyklus steht. Manchmal ist die Flüssigkeit auch milchig und eher dickflüssig. Das Vorhandensein der weiblichen Prostata ist übrigens eine wissenschaftlich erwiesene Tatsache, auch wenn viele Menschen noch nie davon gehört haben. Bei der Prostata handelt es sich um eine homologe Anlage, also um etwas, das bei beiden Geschlechtern gleich angelegt ist und sich in der Embryonalphase unterschiedlich entwickelt und verschiedene Funktionen übernommen hat. In gynäkologischen Fachbüchern wird die weibliche Prostata leider häufig nicht erwähnt.

In der Pornografie wird das *Squirten* unrealistisch dargestellt: als etwas, das rasch einsetzt und wie eine Fontäne spritzt. Ich habe Dutzende von Frauen ejakulieren sehen, aber eine solche Art des *Squirtens*, wie sie in Pornos gezeigt wird, habe ich noch nie erlebt. Es kann zwar sein, dass ein Liter oder mehr Flüssigkeit ausgeschieden wird, und es kann auch stark spritzen. Aber die Regel ist das nicht. Es kommt darauf an, wo die Prostata im Körper liegt und wie sehr die Frau loslassen kann. Wenn die Flüssigkeit richtiggehend herausspritzen soll, muss die Frau sie bewusst herauspressen, wie wenn sie auf die Toilette gehen würde. Rein anatomisch gesehen ist jede Frau in der Lage zu *squirten*, denn alle haben eine Prostata. Je nach Lage der Prostata, je nach Stellung des Beckens und nach Art der Stimulation geht die Flüssigkeit eher in die Blase oder sie fliesst, sprudelt oder spritzt eher aus der Vulva heraus.

Welche Frauen buchen eine Squirting-Massage und mit welchen Anliegen kommen sie?
Es kommen Frauen jeden Alters und jeder Gesellschaftsschicht. Eine wichtige Motivation ist sicher, Wissen und Kenntnisse zum Thema zu erwerben. Sie haben vielleicht durch Freundinnen oder durch die Medien davon gehört, wie toll es sei. Sie möchten ergründen, ob sie auch *squirten* könnten, und es selbst erleben. Für Frauen, welche die *Squirting*-Massage regelmässig buchen, ist sie eine Möglichkeit, sich total zu entspannen und tiefe Befriedigung erfahren zu können. Viele Frauen möchten nach dem *Squirten* schlafen; es handelt sich dabei um eine Art von sehr glücklichem, sattem Einschlafen.

Woraus genau besteht die Squirt-Flüssigkeit eigentlich und woher kommt sie?
Das ist eine nicht so leicht zu beantwortende Frage. Aber für viele Frauen eine wichtige. Denn sie wollen wissen, dass sie bei einer Ejakulation tatsächlich nicht pinkeln. Die Wissenschaft untersucht die Herkunft noch immer. Es gibt mehrere Theorien. Mich überzeugt hierbei am meisten, dass die Flüssigkeit von der Prostata produziert wird. Anatomisch spannend ist, woher beim *Squirten* relativ rasch so viel Flüssigkeit auf einmal kommt. Eine These lautet, dass sich bei starker Erregung Flüssigkeit aus allen intrazellulären Bereichen im Körper sammelt und die Prostata füllt. Es ist interessant, dass die Frage nach der Zusammensetzung der *Squirt*-Flüssigkeit oft auftaucht, hingegen fast niemand nach Herkunft und genauer Zusammensetzung der männlichen Samenflüssigkeit fragt.

Hängt das Squirten mit dem Orgasmus der Frau zusammen?
Das kann ganz unterschiedlich erlebt werden: Es gibt Frauen, die bei starker Erregung bereits *Squirt*-Flüssigkeit ausscheiden – ganz ohne jede genitale Berührung. Es gibt Frauen, bei welchen eine klitorale Berührung von aussen her genügt, damit sie *squirten*. Manche Frauen brauchen einen sehr starken und klaren Druck auf der vorderen Vaginalwand, also der Prostata, um sich in diesen Druck hinein zu entspannen und

zu ejakulieren. Bei manchen ist das *Squirten* stark an den Orgasmus gekoppelt, den sie bereits kennen und der meist über die Klitorisspitze ausgelöst wird.

Ich denke, diese Unterschiede haben viel mit den individuellen Konditionierungen zu tun: Wie hat die Frau als Kind und Jugendliche gelernt, ihre Orgasmen zu erleben? Wann lässt sie los und wie? Wenn die Frau üblicherweise den Orgasmus in einem Zustand der starken inneren Anspannung erfährt, dann kann sie dabei nicht gleichzeitig *squirten*. Erlebt sie den Orgasmus hingegen als etwas, bei dem sie sich total entspannen kann, dann kommt das *Squirten* oft ganz natürlich dazu. *Squirten* ist für jede Frau wieder anders: wann es kommt, wie es kommt und wie es sich anfühlt.

Wie kann eine Frau das Squirten bei sich selbst auslösen?
Ich empfehle jeweils, in die Hocke zu gehen oder in die Knie. In dieser Lage schiebt sich das Becken von selbst mehr nach vorne und öffnet sich. Viele Frauen sind es gewohnt, bei der Selbstliebe auf dem Rücken zu liegen. Für das *Squirten* ist diese Lage vom Winkel her ungünstig. Anschliessend versucht die Frau, ihre Prostata mit Hand und Finger zu erreichen und zu stimulieren. Am besten geht dies über die innere Berührung und Stimulation der vorderen Vaginalwand, also dieser rauen Fläche, die etwa zwei bis drei Zentimeter nach dem Vagina-Eingang liegt. Dieser Bereich reagiert auf Druck, nicht auf Reibung. Einige Frauen benötigen eine längere und sehr starke Stimulation, damit sich *Squirt*-Flüssigkeit aufbauen kann, bei anderen reicht schon eine kürzere, feine Berührung.

Die Jagd nach dem «perfekten Squirten» kann auch viel Stress verursachen ...
Ja, das ist unnötig, kommt aber leider vor. Es gibt Frauen, die das *Squirten* für ihren Partner oder ihre Partnerin lernen möchten, weil er oder sie es toll fände. So entsteht aber ein Leistungsdruck und das ist keine gute Voraussetzung.

Wie sind Sie zum Thema Squirten gekommen?
Bevor ich vor fünf Jahren *Tantramasseur* wurde, kannte ich das Thema *Squirten* gar nicht. Es kam weder in meiner Ausbildung als Sexological Bodyworker noch als *Tantramasseur* vor. Nur die männliche Prostatamassage wurde gelehrt. Über die Existenz der weiblichen Prostata wurde nichts gesagt. Dabei werden bei der Frau und beim Mann sehr ähnliche Gefühle und Empfindungen ausgelöst, wenn die Prostata stimuliert wird. Wenn Männer ihre Prostata selbst ertasten und ein Gefühl dafür entwickeln, wie sich dieser Bereich je nach Erregungszustand anfühlen kann, so hilft ihnen diese Erfahrung auch sehr, das Entstehen weiblicher Erregung genauer zu verstehen und auf ihre Partnerin entsprechend einzugehen. Auch kann es hilfreich sein, wenn ein Mann mal spürt, wie es sich überhaupt anfühlt, inwendig berührt zu werden.

In meiner Praxis als *Tantramasseur* habe ich erlebt, dass das *Squirten* ganz spontan und natürlich vorkommt, und wollte mir mehr Wissen darüber aneignen. So geht es wohl momentan vielen Menschen. Es ist in unserer und hoffentlich auch in den kommenden Generationen eine neue Offenheit dafür entstanden.

Wie ist dieser Wandel sichtbar?
Durch eine neue Welle des Feminismus und durch die grosse #MeToo-Debatte fühlen sich immer mehr Frauen ermächtigt, Verantwortung für ihre eigene Sexualität zu übernehmen und Aufklärungsarbeit zu leisten. So ist beispielsweise schon vor einigen Jahren die Klitoris und ihr gesamter Umfang in den Mittelpunkt der Aufmerksamkeit gerückt. Sie wird nun in vielen Anatomiebüchern endlich korrekt dargestellt. Und langsam entsteht ein Bewusstsein dafür, dass auch Frauen eine Prostata haben und wir sie so nennen dürfen, anstatt wie bisher G-Fläche. Dieser Sinneswandel braucht Zeit, doch er findet statt.

Auch in den Mainstream-Medien und der Mainstream-Pornografie hat das *Squirten* an Bedeutung gewonnen. Die Pornografie nutzt das *Squirten*, um die weibliche Lust optisch besser zu zeigen. Die männliche Lust ist viel offensichtlicher darzustellen: Man sieht den erigierten Penis und die Ejakulation. Das weibliche Pendant dazu ist das *Squirten* – was aus szenischer Sicht Sinn macht, oft aber total unrealistisch dargestellt wird. Das wiederum setzt Frauen und Männer unnötig unter Druck, es genauso zu können.

Zum Schluss noch: Was bedeutet Sexualität für Sie persönlich?
Das ist eine vielschichtige Frage. Sexualität ist Teil meines Berufs und dadurch extrem facettenreich. Ich sehe so viele Menschen aller Geschlechter und mit unterschiedlichen sexuellen Orientierungen. Mich fasziniert, wie vielfältig Sexualität sein kann, wie unterschiedlich die Körper, wie breitgefächert das Lustempfinden und der Lustausdruck sein können. Für mich persönlich bedeutet Sexualität tiefer Kontakt. Durch Berührung und Sexualität gehe ich in einen tiefen Kontakt mit mir selbst oder mit meinem Gegenüber und zwar auf eine Art und Weise, wie es mit Worten nicht möglich wäre. Es gibt für mich eine ganz klare Trennung zwischen dem, was ich beruflich mache, und meiner privaten Sexualität. Beruflich geht es nicht um meine eigene Lust, sondern um das professionelle Angebot für die Menschen, die zu mir kommen. Andererseits beeinflusst mich natürlich das, was ich in meinem Beruf erlebe, auch als Privatperson. Die Vielfalt an Körpern und Ausdrucksmöglichkeiten zu sehen, erfahre ich als Bereicherung für mein Privatleben.

MEINE GESCHICHTE – DANIELA

«Ich muss verknallt sein, sonst geht bei mir nichts.»

DANIELA, 56 JAHRE ALT, LEBT IN EINER PARTNERSCHAFT MIT CHRISTINA (57), WOHNT ALLEINE.

Meine Eltern haben mich gar nie richtig aufgeklärt und zuhause haben wir überhaupt nicht über Sexualität gesprochen. Irgendwann, als ich schon etwa 15 oder 16 Jahre alt war, haben sie mir ein Aufklärungsbuch geschenkt, das ich übrigens auch heute noch besitze. Aber Sexualität hat mich eigentlich schon früh interessiert und als Kind fand ich Doktorspiele spannend. Mit sechs Jahren war ich in einen Jungen verliebt – anfänglich haben mich nur Jungs interessiert. Später, als Teenie, war ich in Schauspieler und Schauspielerinnen verknallt und mit der Zeit habe ich festgestellt, dass mir die Frauen in den Filmen viel besser gefielen als die Männer, dass ich mich in Gedanken viel mehr mit ihnen beschäftigt habe. Ich glaube, dass ich eigentlich nicht so sehr in männliche Schauspieler verliebt war, sondern dass ich so sein wollte wie sie. Wenn ich im Bett vor mich hingeträumt habe, dann war ich immer in der Rolle des Mannes, der die aufregendsten und schönsten Frauen erobern konnte. Dabei bin ich, ehrlich gesagt, überhaupt nicht der Eroberer-Typ … Ich erinnere mich, dass meine Freundinnen und ich uns im Gymnasium sehr für Musik und Filme interessiert haben und weniger für Sex. Es hat mich jedenfalls nicht gross beschäftigt, dass ich mit 16 oder 18 noch keinen Sex gehabt hatte. Null.

Als ich knapp über 20 war, habe ich bei einem Auslandaufenthalt in Arizona einen jungen Mann aus Israel kennengelernt, mit dem ich mich sehr gut verstand und der mit mir ins Bett wollte. Auch ich hatte ihn sehr gern, aber ich habe ganz genau gespürt, dass ich auf keinen Fall mit ihm intim sein wollte. Kurz darauf bin ich in eine riesige Buchhandlung in einem dieser typisch amerikanischen Einkaufscenter gegangen und war vom Angebot total überfordert. Da habe ich einfach den Zufall walten lassen. Ich habe blind in irgendein beliebiges Regal gegriffen, das Buch «Rubyfruit Jungle» von Rita Mae Brown herausgezogen und gekauft. Die Autorin war die Lebenspartnerin der Tennisspielerin Martina Navratilova und das Buch handelt von lesbischer Liebe. Beim Lesen habe ich endlich verstanden: Das ist es, so bin ich auch! Für mich war es eine Entdeckung, lesbisch zu sein, kein Schock. Meinen Eltern habe ich es lange nicht gesagt. Aber nicht etwa, weil ich mich dafür geschämt hätte, sondern weil es nichts zu erzählen gab, da ich keine Partnerin hatte.

Ich war schon immer sehr wählerisch.

Als ich in die Schweiz zurückkehrte, habe ich zum ersten Mal eine lesbische Frau kennengelernt. Ich habe mich in sie verknallt, aber sie hatte leider schon eine Partnerin. Sie gab den Anstoss, mich in lesbische Kreise zu wagen. Zwei Freundinnen, beide heterosexuell, begleiteten mich dabei. Während vor allem eine von ihnen schnell mit anderen Frauen ins Gespräch kam und oft nach ihrer Telefonnummer gefragt wurde, war ich langsamer, zurückhaltender unterwegs. Ich war schon damals sehr wählerisch – und das ist eigentlich bis heute so geblieben. Ich glaube, als ich in Kontakt mit der Lesbenszene trat, war ich ein rechter «Feger»: jung, gross, schlank, blond. Nicht wenige Frauen fanden mich attraktiv, aber die meisten haben mich kaum interessiert. Christina begegnete ich, als ich 24 war, und mit ihr war es anders. Wir konnten von Anfang an über alles reden. Ich spürte schnell, dass wir Seelenverwandte sind, aber körperlich zog sie mich nicht besonders an. Sie war nicht wirklich mein Typ. An einem Abend, nach stundenlangem Gespräch, gingen wir zusammen ins Bett – und als ich am nächsten Tag aufgewacht bin, habe ich gedacht:

Wow, jetzt bin ich fürs Leben an diese Frau gebunden! Da bin ich vielleicht altmodisch, aber für mich hatte dieses intime Zusammensein eine grosse Bedeutung. Gleichzeitig hat es mir auch Angst gemacht, mich zu binden, weil ich wusste, dass Christina rein äusserlich nicht dem entsprach, was mir bei Frauen gefiel.

Inzwischen sind wir schon fast 32 Jahre lang zusammen, auch wenn wir nicht mehr unter einem Dach leben. Während dieser langen Zeit haben wir beide uns auch in andere Frauen verliebt. Wir haben es uns gegenseitig erlaubt und sind immer offen damit umgegangen, denn Ehrlichkeit war uns von Anfang an sehr wichtig. Wir beide können und wollen weder verheimlichen, noch lügen. Selten ist aus diesen Schwärmereien eine eigentliche Beziehung geworden. Bei einem Aufenthalt in England habe ich mich in eine Italienerin, Cinzia, verliebt. In dieser Zeit steckte ich in einer Krise. Ich hatte das Gefühl, in meiner Beziehung zu Christina wie in einer Ehe gefangen zu sein und dass nichts Neues mehr möglich sei. Cinzia wollte mich unbedingt erobern, aber als sie es geschafft hatte, hat sie das Interesse verloren und am Ende ihres Aufenthalts ist sie zu ihrem Freund nach Italien zurückgekehrt ... Ich glaube, dass es für sie vor allem eine Art Machtspiel war. Immerhin habe ich die drei Monate, die die Beziehung dauerte, sehr genossen.

Wir haben keinen Sex, weil wir kein Bedürfnis danach haben.

Viel später habe ich mich nochmals in eine andere Frau verliebt. Michaela lebte in München, hatte ebenfalls eine Partnerin und keine Absicht, sich von ihr zu trennen. Zehn Jahre lang hatten wir eine platonische Beziehung, mit intensivem geistigem und emotionalem Austausch. Ich habe sie sehr geliebt und wäre auch bereit gewesen, eine Partnerschaft mit ihr einzugehen und dafür Christina aufzugeben. Leider hat sich diese Liebe nicht erfüllt. Darunter habe ich manchmal stark gelitten, aber inzwischen habe ich innerlich damit abgeschlossen. Nachträglich habe ich gemerkt, wie sehr ich mich für Michaela verbogen habe, weil ich ihr immer gefallen wollte. Wir haben stundenlang telefoniert, uns ellenlange Mails geschrieben, unsere eigene Kunstsprache entwickelt. Das hat mir vor allem am Anfang einen eigentlichen Adrenalinschub gegeben. Ich fühlte mich energiegeladen, habe gestrahlt und bin anders durch die Welt gegangen. Aber auf die Dauer war es auch sehr anstrengend und ermüdend. Im Moment haben wir keinen Kontakt mehr, aber ich bin sicher, dass sich das wieder ändern wird, denn wir sind uns seelisch sehr verbunden.

Christina ist und bleibt meine allerliebste Person. Wir sind uns in vielem sehr ähnlich und das ist nicht immer gut, beispielsweise wenn wir beide gleichzeitig down sind und uns gegenseitig nicht helfen können. Auch haben Probleme, die sie mit ihrer Familie hatte, unsere Beziehung jahrelang ziemlich stark belastet. Seit wir nicht mehr zusammenwohnen, geht es uns viel besser. Wir haben nun schon seit einigen Jahren keinen Sex mehr miteinander, weil wir beide kein Bedürfnis danach haben. Aber fast jede Woche schlafe ich mal bei Christina und dann geniessen wir die Nähe zueinander und spüren, wie innig wir miteinander verbunden sind. Sexualität hole ich mir solo und auch das muss nicht täglich sein.

Sexualität ist kein zentrales Thema in meinem Leben.

Ich hatte nie Schwierigkeiten wegen meiner sexuellen Orientierung und bin nie ausgegrenzt worden. Obwohl ich mich, vor allem am Anfang, häufiger in Lesbenkreisen bewegt habe, habe ich mich nicht einfach einer Gruppe zugehörig gefühlt, nur weil ich lesbisch bin. Wenn ich ehrlich bin, sind mir die meisten Weiber in diesen Lesbenkreisen auf den Geist gegangen. Ich musste leider auch feststellen, dass lesbisch nicht gleich feministisch bedeutet. Ich habe furchtbare Beziehungen zwischen Frauen erlebt, in denen es statt Gleichberechtigung grosse Machtgefälle und auch psychische Gewalt gab.

In meinem Leben war ich mit zwei Frauen intim, mit Christina und Cinzia – mit zwei anderen hätte ich es gerne gewollt, aber es hat nicht geklappt. Irgendwie ist Sexualität kein zentrales Thema in meinem Leben. Ich finde, Sex wird allgemein stark überschätzt, und vieles empfinde ich als übersexualisiert. Wenn ich mir schon nur die Outfits der jungen Frauen von heute anschaue: Sie präsentieren sich wie Nutten. Wozu soll das gut sein? Welches Bild wollen sie von sich als Frau vermitteln, frage ich mich.

Es stört mich auch, dass es heute so viele Unterscheidungen und verschiedene Bezeichnungen gibt, wenn es um das Geschlecht von Menschen geht: *binär, non-binär, trans, cis* ... Wir sind doch in erster Linie einfach Menschen und all diese Kategorien trennen uns doch nur voneinander. Ich finde, man wird mit einem Penis oder mit einer Möse geboren und diese biologischen Anlagen sollte man respektieren und nicht einfach behaupten, dass sie nichts gelten. Vieles hat sich geöffnet, aber anderes hat sich gleichzeitig mehr verschlossen, finde ich. Heute wird so stark in Schubladen gedacht! Das ist doch unnötig und ich glaube auch, dass viele Menschen von diesem ganzen Getue überfordert sind. Die Sexualität, ja Beziehungen an sich, sind inzwischen zu einem richtigen Minenfeld geworden. Die heutigen Männer tun mir total leid. Sie müssen den unterschiedlichsten Ansprüchen genügen, können es niemandem recht machen und gelten per se als potenzielle Täter. Schlimm!

Ich weiss, dass heute fast alle ihre Partnerinnen und Partner über Dating-Apps und -Portale suchen, aber das ist nichts für mich. Es ist mir alles viel zu technisch und unpersönlich. Einen One-Night-Stand hatte ich noch nie und könnte ich auch nie haben. Intim kann ich nur mit jemandem sein, den ich kenne. Ich muss verknallt sein – sonst geht bei mir nichts.

Ich glaube, auch mit 80 Jahren kann man von jemandem geflasht sein, wenn die Chemie stimmt. Und ich kann auch für mich nicht ausschliessen, dass da nicht irgendwann jemand kommt und mich total begeistert. Ich bin völlig offen und gleichzeitig habe ich kein Bedürfnis, etwas aufzuholen. Ich bin der Meinung, dass man die Liebe nicht erzwingen kann. Sie muss sich auf natürliche Weise ergeben.

MEINE GESCHICHTE – HELEN

«Ich habe mich von den Fesseln der Religion und Konvention befreit.»

HELEN, 57 JAHRE ALT, GESCHIEDEN, HAT DREI ERWACHSENE KINDER UND LEBT ALS SINGLE.

Ich war 17 Jahre lang verheiratet und bin seit 17 Jahren getrennt. Aber schon längere Zeit vor der Scheidung hatten mein Mann und ich separate Schlafzimmer und keinen sexuellen Kontakt mehr. Der Sex war ohnehin nie ein Highlight in dieser Beziehung, was sicher auch an mir lag. Ich bin Australierin, habe dort katholische Schulen besucht, war völlig unbedarft und naiv und bei meiner Heirat gerade mal 23 Jahre alt. Mein Mann wollte jede Nacht Sex haben und jede Nacht war der Sex genau gleich. Ich tat, was zu tun war, damit es ihm gefiel und es muss ihm wohl gefallen haben, sonst hätte er es nicht jede Nacht gewollt, nehme ich an. Für mich war es allerdings nur eine Pflichtübung. Weil der Sex so häufig und so monoton stattfand, hatte ich keine Gelegenheit, Sehnsucht oder Verlangen danach zu entwickeln. Im Verlauf der Jahre verweigerte ich mich meinem Mann immer häufiger. Ich bildete eine eigentliche Mauer um mich herum und sagte mir, dass ich Sex gar nicht brauchte, dass er mir gar nichts gab. Damit versuchte ich mich vor der Grobheit meines Mannes zu schützen. Was mir selbst hätte gefallen können, was mich hätte erregen können – davon hatte ich absolut keine Idee. Ich habe erst nach meiner Scheidung, mit Mitte 40, meinen ersten Orgasmus erlebt.

Es war einer der glücklichsten Tage meines Lebens, als mein Mann mich wegen einer anderen Frau verliess. Ich selbst hätte diesen Schritt nicht gewagt, unsere drei Kinder waren noch schulpflichtig. Aber so bin ich ihn endlich losgeworden. Ich musste Vollzeit arbeiten gehen – mein Mann hat uns finanziell hängen lassen –, um unser Zuhause nicht zu verlieren und die Kinder durchzubringen, aber das hat mich stark gemacht. Mit 39 Jahren wurde ich zur Rebellin und begann endlich, meinen eigenen Weg zu gehen.

Ich wusste noch nicht, wie ich Sex geniessen könnte.

Dabei war mir mein Freund Eddie eine grosse Hilfe. Er war klug, witzig und kam bei den Frauen sehr gut an. Nur bei der eigenen nicht, mit der er schon jahrelang keinen Sex hatte. Trotzdem wollte er seine Frau nicht verlassen. Für mich passte es perfekt. Ich wollte keinen neuen Partner oder gar einen neuen Ehemann. Dafür hatte ich schlicht keine Kapazität. Eddie und ich trafen uns etwa einmal im Monat für Sex, der manchmal auf dem Rücksitz seines oder meines Autos stattfand. Das war aufregend! Eddie war sexuell sehr bewandert, er hatte schon viele Frauen gehabt. Mit ihm war der Sex viel schöner für mich als mit meinem Mann, weil Eddie und ich auch eine emotionale Verbindung zueinander hatten und einander respektierten. Aber ich wusste immer noch nicht, wie ich Sex wirklich geniessen könnte. Mit der Zeit entwickelten wir immer stärkere Gefühle füreinander. Mit Eddie erlebte ich echte Nähe und Intimität, nicht nur im Körperlichen, auch in unseren Gesprächen. Ich fühlte, dass er der richtige Mann für mich war und ich die richtige Frau für ihn. Aber er war verheiratet und wollte es bleiben und ich hatte drei Kinder, die noch in der Ausbildung steckten, und viele Verpflichtungen. Ich realisierte, dass wir keine gemeinsame Zukunft hatten, und auch Eddie meinte, ich solle mir einen passenderen Partner suchen, er wolle mir nicht im Weg stehen.

Um Abstand zwischen uns zu schaffen, liess ich Eddie in Australien zurück und zog in die Schweiz, wo ich einen tollen Job fand. Wir wollten eine offene Beziehung über eine grosse Distanz führen ... Eddie ermutigte mich immer wieder, alles zu geniessen, was sich mir bieten würde. Mehr aus Trotz denn aus eigenem Antrieb begann ich, auf Websites Männer für One-Night-Stands zu suchen, und wurde fündig. Hat es mir Spass gemacht? Nicht wirklich. Ich fühlte mich dabei, als würde ich Eddie betrügen. Mit der Zeit liess dieses Gefühl jedoch nach. Wir konnten uns ja so selten sehen. Einmal haben wir gemeinsam Ferien in Vietnam gemacht und dabei eine Massage für uns beide gebucht. Damals merkte ich, dass es mich sehr erregte, dass Eddie von einer anderen Frau erotisch berührt wurde. Eddie und ich begannen, über Dreierkonstellationen zu sprechen. Wenn ich alleine war und meine Sex-Toys einsetzte, stellte ich mir oft vor, wie er mit einer anderen Frau Sex hatte. Das törnte mich total an. Damit begann meine sexuelle Revolution, würde ich sagen. In meinen Fünfzigern konnte ich mich endlich von allen Fesseln der Religion und der Konvention befreien!

Wenn ich geil bin, gehe ich in Swingerclubs.

Lange Zeit habe ich ausschliesslich nach lockeren Beziehungen gesucht, ohne Verpflichtungen. Häufig habe ich mich auf verheiratete Männer eingelassen. So habe ich Peter getroffen. Er liebte seine Frau und führte mit ihr eine offene Ehe, in der es für beide ok war, Sex mit anderen Partnerinnen und Partnern zu haben. Mit der Zeit entwickelte sich jedoch aus einer Sex-Affäre eine Freundschaft, ja vielleicht sogar so etwas wie Liebe. Das wirkte sich negativ auf Peters Ehe aus. Solange seine Frau auch einen anderen Partner hatte, klappte es noch. Aber als der andere Mann die Beziehung zu ihr beendete, ging auch meine Beziehung zu Peter in die Brüche. Denn wenn er mit mir war, fühlte er sich schuldig, weil er wusste, dass seine Frau alleine zuhause sass. Ich war sehr traurig darüber, ihn zu verlieren. Emotional waren wir uns sehr nahegekommen, obwohl die sexuelle Seite leider enttäuschend war. Peter war ein grosser Mann, aber sein Penis war im Verhältnis dazu sehr kurz. Ich bin klein und mollig und schon rein anatomisch war es schwierig, zueinander zu finden. Ich bin nicht auf Penetration fixiert und verwöhnte ihn gerne auch oral, aber er wollte das bei mir nicht erwidern. Mit der Zeit war das alles recht frustrierend für mich. Auch konnte er seine Erektion nie lange halten und ich fürchtete immer wieder, ich sei zu feucht oder meine Vagina sei nicht eng genug für ihn und er würde ständig herausrutschen.

Diese Zweifel habe ich inzwischen hinter mir gelassen. Heute bin ich experimentierfreudig. Wenn ich geil bin, gehe ich alleine in Swingerclubs und lasse mich auf Begegnungen ein. Ich bin Eddie auch heute noch sehr dankbar dafür, dass er mir einen Weg in meine Sinnlichkeit eröffnet hat. Mit ihm konnte ich mich erstmals über alles austauschen, was mir gefiel. Nie hat er etwas missbilligt oder mir Schuldgefühle vermittelt. Er war offen für alles. Und heute bin ich auch mit meinen Freunden und Freundinnen ganz offen, erzähle ihnen von meinen Abenteuern und erlebe, wie sie Vertrauen fassen und immer mehr auch von sich erzählen. Gemeinsam können wir uns doch frei machen von Prüderie und falscher Scham. Sex ist doch kein Tabu-Thema!

Ich habe es geschehen lassen und das Bett geflutet!

Gut, auch ich habe lange gebraucht, um so weit zu kommen. Erst in den letzten drei, vier Jahren habe ich mir erlaubt, Sex voll zu geniessen. Ich glaube, dass ich vor fünf Jahren einen Hirntumor überlebt habe, hat auch zu dieser neuen Einstellung beigetragen. Ich habe realisiert, wie kurz das Leben sein kann, und ich möchte nicht sterben, ohne richtig gelebt zu haben und Neues zu entdecken. Ich hatte zum Beispiel keine Erfahrung mit *Squirting*. Aber einmal hatte ich Sex mit einem Mann, der sehr fingerfertig war und – wow! – es hat einfach geklappt. Ich habe es geschehen lassen und das Bett geflutet. Das war ein unglaubliches Erlebnis, mich so gehen zu lassen!

Zurzeit treffe ich François. Er ist Single, 65 Jahre alt und verwöhnt mich mit gutem Essen, Wein und Champagner und seine ganze Art ist sehr sinnlich. Manchmal haben wir Sex und manchmal nicht. Auch er kann seine Erektion nicht lange halten, aber im Gegensatz zu Peter ist er einfallsreich und kreativ und er geniesst es, mir Lust zu bereiten. Ich musste mir aber erst erlauben, mich sexuell verwöhnen zu lassen. In meinem Kopf dachte ich immer, es sei keine gute Begegnung gewesen, wenn ich meinem Partner keinen Orgasmus besorgen konnte. François sieht das gar nicht so. Er freut sich, wenn es mir gut geht. Zum ersten Mal kann ich glauben, dass es tatsächlich so ist. Auch mit ihm kann ich ganz frei über alle sexuellen Themen sprechen. Mit François habe ich ein anderes Paar für Gruppensex getroffen. Ich hatte keinerlei Erwartungen und habe alles auf mich zukommen lassen. Mal lag die andere Frau halb auf mir, während sie von ihrem Mann anal gevögelt wurde und François sie an der Klitoris leckte. Mal habe ich dem anderen Mann einen Blowjob verpasst und mal hat dieser Mann mich oral zum Orgasmus gebracht. Es war eine interessante Erfahrung, aber ich weiss nicht, ob es nicht eher eine Fantasie von François war als meine. Sex mit Frauen törnt mich nicht wirklich an, wenn ich ehrlich bin.

Ich brauche niemanden, der mich ergänzt.

Sicherlich bin ich inzwischen sexuell sehr experimentierfreudig. Aber nicht alles in meinem Leben kreist um dieses Thema. Es interessiert mich zum Beispiel nicht, stundenlang Sex zu haben. Wenn mein Orgasmus kommt, ist es ok, sonst ist es auch in Ordnung. Nach dem Aufwärmen mit Küssen und Streicheln reichen mir zehn, fünfzehn Minuten Sex vollkommen. Danach möchte ich andere Sachen machen. Mit François verbinden mich ausser dem Sex nicht so viele Interessen. Manchmal langweile ich mich etwas mit ihm. Vielleicht ist er auch etwas zu alt für mich ...

Apropos alt: Ich glaube, viele Frauen fürchten, dass ihre Lust mit dem Alter abhandenkommen könnte, dass sie das Interesse an Sex allmählich verlieren könnten und sie keinen Partner haben, der sie sexuell anheizt. Ich mache mir Sorgen, dass es bei mir auch so weit kommen könnte. Dass meine Lust kleiner wird und dass ich nicht mehr so gut zum Orgasmus komme. Das wäre schlimm für mich.

Nach meiner Beziehung zu Peter wollte ich mich nicht mehr mit verheirateten Männern einlassen. Wenn sie vor die Wahl gestellt wurden, haben sie sich immer für die Ehefrau entschieden, nie für mich. Ich war nie eine wirklich wählbare Option für sie. Früher konnte ich das akzeptieren, heute nicht mehr. Das bedeutet für mich, dass ich mich für eine andere Art von Beziehung öffnen muss. Ich will mich intensiver und auf allen Ebenen auf einen Mann einlassen, aber ohne meine Unabhängigkeit einzubüssen. Ich möchte zum Beispiel meine eigene Wohnung haben. Die Vorstellung, mit jemandem zusammen zu leben, macht mir Angst. Und ich möchte auch Zeit haben, um trotz Partnerschaft meine eigenen Freunde und Freundinnen zu treffen. Ich brauche niemanden, der mich ergänzt – ich bin doch schon ganz. Eher bin ich auf der Suche nach jemandem, der mich bereichert, so wie es meine Freunde tun. Am besten wäre es, wenn diese Person ein richtig guter Freund wäre, mit dem ich auch schönen Sex geniessen könnte. Jemand, der, vor die Wahl gestellt, sich für mich entscheiden würde. So wie ich mich für ihn.

IM GESPRÄCH MIT VERENA HUG

«Unser Angebot ist eine Art Präventivmedizin gegen Trennungen.»

VERENA HUG, 56 JAHRE – SEIT 15 JAHREN MITINHABERIN DES EROTIK-CLUBS «ORANGERIE», GELERNTER KOCH UND GASTRONOMIN

Verena Hug, wie sind Sie und Ihr Mann Urs auf die Idee gekommen, einen Swingerclub zu eröffnen?
Ich war 30 Jahre alt und Urs 49, als wir einander kennenlernten. Mein Mann hat 20 Jahre in Genf gelebt und kannte einige französische Angebote im Swinger-Bereich. Nach etwa drei Jahren hatten wir Lust, zusammen einen Club zu besuchen. Damals gab es jedoch erst wenige Clubs in der Deutschschweiz und ich muss sagen, dass ich sie alle enttäuschend fand. Sowohl von der Raumgestaltung als auch von der Atmosphäre her waren es keine Orte, in denen ich mich wohlfühlte. Auch fiel mir auf, dass es nirgends feine Drinks und richtig gutes Essen gab. Urs kommt aus der Werbebranche, ich aus der Gastronomie und nach einem Club-Besuch diskutierten wir oft unsere Ideen, wie man einen solchen Ort anders, ansprechender gestalten könnte. Lange Zeit suchten wir nach einer passenden Immobilie, bis wir 2006 fündig wurden und die «Orangerie» gründeten. Da ich ein Wirtepatent besitze, bekamen wir ohne Weiteres die nötigen Bewilligungen. Man kann eigentlich sagen, dass wir über die Liebe zum guten Essen zum Swingerclub gekommen sind.

Warum braucht es Ihrer Meinung nach Orte wie die «Orangerie»?
Wissen Sie, bei uns höre ich viele Geschichten. Es gibt viele Menschen, die keine erfüllte Sexualität haben. Es gibt beispielsweise Paare, bei denen der Sex seit Jahren immer nur im Dunkeln stattfindet … Manche Menschen

fahren täglich mit der S-Bahn an der «Orangerie» vorbei, aber trauen sich lange nicht, den Club zu betreten, obwohl sie interessiert wären. Ich glaube, es sind vor allem Erziehungsdefizite, die die Leute daran hindern, ihre sexuellen Träume auszuleben. Es gibt so viele Verbote und Tabus rund um die Sexualität, die uns von Kind auf eingetrichtert werden. Manche Menschen denken auch, ein Swingerclub sei ein schmuddeliger Ort – und dann sind sie total überrascht, wenn sie sehen, wie schön es bei uns ist.

Sie verstehen Ihren Club in erster Linie als Begegnungsort?
Ja, aber als einen sicheren Ort. Worum geht es denn, wenn jemand in eine Bar geht? Darum, jemanden kennenzulernen, miteinander zu reden und danach, wenn es passt, vielleicht noch Sex zu haben. Genauso ist es hier, mit dem Unterschied, dass sich die Menschen bei uns in einem geschützten Rahmen bewegen. Mit einer Zufallsbekanntschaft Sex im Park, im Auto oder in einer fremden Wohnung zu haben, kann viel riskanter sein. Hier ist es sauber, es gibt überall Gleitmittel und Kondome und sollte jemand zudringlich werden, sind starke Frauen vor Ort, die nach dem Rechten schauen.

Wer kommt zu Ihnen in den Club?
Es sind Menschen aus allen Gesellschaftsschichten und jeden Alters. Wir haben fast so viele Frauen wie Männer im Club. Viele kommen als Paare, aber wir haben auch Frauen und Männer, die uns als Einzelperson besuchen. Bei uns sind einzelne Männer nur willkommen, wenn sie gut mit Frauen umgehen können, wenn sie charmant sind. Wer Druck macht, hat keine Chance. Auch stelle ich fest, dass die Besucherinnen und Besucher tendenziell jünger werden. Früher war Swingen eher etwas für gesetztere Menschen. Das ändert sich langsam.

Was bietet Ihr Club alles an – was für Räume, was für Begegnungsmöglichkeiten?
Wichtig ist uns, dass die Gäste einfach zuerst mal in Ruhe ankommen können. Sei es mit einem feinen Essen bei toller Musik, sei es mit einem

Sauna-Besuch oder in unserem grossen Garten bei einem guten Drink. Im Club gibt es viele abschliessbare Räume und dort die Möglichkeit, als Paar zu zweit oder zu viert ungestört zu sein. Nebst den Paarräumen gibt es auch offene Räume, in denen andere Paare und einzelne Personen anzutreffen sind. Dort findet man unter anderem eine *Liebesschaukel*, einen *Sybian*, einen Gynäkologiestuhl, ein *Andreaskreuz* und die Möglichkeit für Fesselspiele. Die «Orangerie» ist kein Hardcore-Club, möchte ich betonen. Es gibt für mich ganz klare Grenzen. Das Spiel mit Blut und Fäkalien tolerieren wir nicht. Ansonsten kann alles gelebt werden, was Spass macht und niemandem weh tut. Es gibt ja so viele verschiedene Wünsche, Fantasien, Träume – auch manches, was den Gästen manchmal zunächst gar nicht bewusst ist und das sie erst bei uns entdecken.

Gibt es auch Themenabende oder spezielle Anlässe?
Ja, für Erstbesucher und -besucherinnen gibt es beispielsweise monatlich ein Kennenlern-Angebot. Man kann sich den Club in aller Ruhe anschauen, in ungezwungener Atmosphäre etwas trinken und wenn man Lust hat, ergibt sich vielleicht auch mehr ... Wir bieten auch spezielle Anlässe für bisexuelle Menschen an, bei denen es mehr Frauen als Männer gibt. Das liegt wahrscheinlich daran, dass Bisexualität oder ein Interesse dafür bei Frauen stärker akzeptiert ist. Ich stelle jedenfalls fest, dass bisexuelle Männer auch heute noch mit vielen Vorurteilen konfrontiert sind, und ich glaube, dass viele heterosexuelle Männer sich vor dem Kontakt mit anderen Männern scheuen, weil sie Anal-Sex befürchten. Eine unnötige Sorge, denn meiner Meinung nach kommt es zwischen Männern viel öfter zu anderen Arten von Sex. Dazu gibt es Events ausschliesslich für Paare; Anlässe, bei denen alle maskiert sind; Abende, an denen der Club bewusst mehr Männer einlässt, damit die Frauen voll auf ihre Kosten kommen, oder Anlässe für junge Menschen. Uns gehen die Ideen nie aus!

Auf einem Plakat, das bei Ihnen hängt, ist folgender Satz zu lesen: «Frauen möchten viel mehr als Männer glauben. Gönn mir den Spass!» Wie ist das gemeint?
Mein Mann und ich haben dieses Plakat und auch viele andere zusammen selbst gestaltet, um Dinge, die uns wichtig sind, zu vermitteln. Die Botschaft in diesem Fall ist, dass Frauen voll zu ihrer Lust und ihren Träumen stehen sollen. Hier in der «Orangerie» bieten wir den Rahmen dafür. Es gibt Frauen, die gerne so richtig heftigen Sex haben und zwar mit mehreren Männern nacheinander. Deshalb gibt es bei uns die Herren-Überschussabende. An diesen Anlässen haben Frauen die schöne Qual der Wahl zwischen all den Männern. Viele Frauen geniessen das sehr. Einmal war eine 70-Jährige dabei, die abging wie eine Rakete! Das war toll! Ich selbst war früher eine grosse Anhängerin des *Gangbangs* und fand es super, mit vielen Männern Sex zu haben. Den Männern muss allerdings klar sein, dass auch bei einem solchen Anlass nicht jeder automatisch zum Zug kommt. Dass man Eintritt bezahlt hat, bedeutet noch keine Garantie für Sex. Wir bieten den Rahmen dafür, das Ambiente, aber damit es wirklich gelingt, muss sich jeder aktiv bemühen. Man muss Interesse am Gegenüber zeigen, mit Gefühl an die Sache herangehen – dann klappt es viel besser.

Wie unterscheiden sich die sexuellen Wünsche von Paaren, Frauen und Männern?
Bei den Paaren gibt es häufig Männer, die einfach zuschauen wollen, wie ihre Partnerin von jemand anderem «genommen» wird, wie sie Sex hat – sei es mit einem Mann oder mit einer Frau. Das erregt sie. Es gibt schon auch Frauen, die gerne zuschauen, wie ihr Mann Sex mit einer anderen Person hat, doch eindeutig mehr Männer, die diesen Wunsch verspüren. Dann gibt es Paare, die gerne anderen Paaren beim Sex zuschauen, während sie selbst Sex haben. Auf der grossen Matte in der Galerie liegen manchmal bis zu sechs Paare nebeneinander – fast wie im Kuhstall. Alle bewegen sich im Takt auf und ab, da müssen wir manchmal lachen. Es gibt auch Paare, die gezielt nach einem anderen Paar suchen. Allerdings

ist es bei dieser Konstellation recht schwierig, dass alle Personen gut miteinander harmonieren. Bei Männern, die alleine kommen, gibt es einige, die sehr direkt auf Sex aus sind, und andere, die einfach einen schönen Abend in entspannter Atmosphäre geniessen möchten. Für sie ist es nicht das Wichtigste, dass sie am Ende des Abends Sex hatten. Es gibt auch Frauen, die die «Orangerie» alleine besuchen und ihre Zeit hier sehr geniessen.

Sind schon Partnerschaften zwischen Ihren Gästen entstanden?
Ja, das gibt es. Es wurden auch schon Kinder in der «Orangerie» gezeugt. Das ist schön. Es ist aber auch schon vorgekommen, dass Partnerschaften wegen des Besuches im Club auseinandergegangen sind. Doch diese wären auch sonst zerbrochen, denke ich. Eine gute, gesunde Beziehung überlebt das Swingen, davon bin ich überzeugt. Aber natürlich nur wenn es für beide Personen stimmt. Es ist ein Prozess, die Ideen beider Partner auf eine gemeinsame Basis zu bringen. Viele Menschen haben Angst, den Partner oder die Partnerin zu verlieren, wenn sie swingen. Dabei verlierst du jemanden, wenn er sich nach etwas sehnt, das du ihm nicht geben kannst, und er diesen Wunsch nicht ausleben darf. Darum glaube ich, dass unser Angebot letzten Endes auch eine Art Präventivmedizin gegen Trennungen ist.

Können Sie das etwas näher erklären?
Wenn man verliebt ist, hat man den allerschönsten Sex. Das ist klar. Alles ist neu und aufregend, wenn man frisch verliebt ist. Leider vergeht dieses Gefühl relativ schnell, aber die Menschen suchen immer wieder danach, möchten es wieder erfahren. Bei uns ist es möglich, dieses Begehren und Begehrtwerden immer wieder neu zu erleben. Hier ist es möglich, jemanden zu lieben und gleichzeitig jemand anderen zu begehren. Wieso sollte ich eine wunderbare, stabile Partnerschaft aufgeben, nur für ein bisschen Aufregung und Sex? Hier lässt sich dieses Dilemma ohne grosse Komplikationen mit dem Einverständnis aller Beteiligten lösen. Es gibt Paare, die zusammen hierherkommen. Bei anderen kommt eine der beiden

Personen mit einem anderen Partner oder einer anderen Partnerin und bei wieder anderen Paaren kommen beide mit einer zusätzlichen Person. Sie erfüllen sich damit Wünsche, die sie sich gegenseitig nicht erfüllen können. Dabei nehmen sie eine Auszeit vom gewohnten Paaralltag. Danach sind beide wieder zufriedener, mit sich und dem Partner oder der Partnerin – und brauchen sich nicht zu trennen.

MEINE GESCHICHTE – ALESSIA

«Sexualität steht für mich nicht alleine da – es geht mir um Verbindung.»

ALESSIA, 55, GESCHIEDEN, DREI ERWACHSENE KINDER, LEBT MIT DEM JÜNGSTEN SOHN UND IHREM PARTNER SVEN (52) UND HAT EINE SEXUELLE BEZIEHUNG ZU YVES (27).

Mit 18 hatte ich eine Schwangerschaft durchlebt, meine erste Tochter geboren, jedoch noch nie einen Orgasmus erlebt. Ich bin in Italien aufgewachsen. Meine Grossmutter sprach sehr offen mit mir über Sex. Sie hat meine Mutter alleine grossgezogen. Meine Eltern waren füreinander die einzigen Sexualpartner. Meine Mutter zeigte mir, dass es gut sei, sexuell eine freie Frau zu sein. Vielleicht hätte sie sich das auch für sich selbst gewünscht: die Freiheit, im Laufe des Lebens mehrere Liebes- und Sexualpartner zu haben. Ich wurde jedenfalls sehr frei erzogen. Als ich mit 16 meinen ersten Freund zum Übernachten heimbrachte, war das überhaupt kein Problem. Als ich dann zwei Jahre später zum ersten Mal schwanger wurde, war es auch okay. Es war halt einfach, wie es war. Ich kam als 18-Jährige mit meiner Tochter in die Schweiz, konnte kein Wort Deutsch. Mittlerweile habe ich es sehr gut gelernt und spreche seit einiger Zeit ziemlich fliessend Schweizerdeutsch. In der Schweiz fühle ich mich sehr wohl.

Meine drei erwachsenen Kinder haben alle verschiedene Väter. Mit keinem von ihnen war ich länger in einer festen Beziehung. Aber alle kümmerten sich stets vorbildlich um ihre Kinder. Nur mit dem Vater meiner Tochter war ich verheiratet. Ich war unglaublich jung damals! Mein Mann war neun Jahre älter als ich und in sexueller Hinsicht war unsere Ehe von

Anfang an eine totale Katastrophe. Den Vater meines jüngeren Sohnes habe ich sehr geliebt. Wir hatten immer wunderschönen Sex, auch dann noch, als wir kein Paar mehr waren. Das werde ich nie vergessen. Wie es war, wenn wir einander berührten. Und wie wir die Gedanken des Anderen förmlich erraten konnten, noch bevor er etwas gesagt hatte. Wir dachten tatsächlich oft im selben Moment genau das Gleiche. Wir hatten sehr ähnliche Wünsche in sexueller Hinsicht. Wegen seines Suchtproblems konnten wir leider nicht zusammenleben. Es war wirklich nicht möglich, wir haben es versucht. Jetzt ist er seit zehn Jahren glücklich verheiratet und wohnt ganz in der Nähe. Wir pflegen immer noch einen freundschaftlichen Kontakt zueinander und verstehen uns wirklich gut.

Jetzt ist es nur noch «rein–raus». Da stellt es mir ab!

Zurzeit lebe ich mit einem Mann zusammen, aber wir haben gar keine richtige Beziehung. Sven gibt mir Sicherheit, auch finanziell, und er ist charmant und gutaussehend. Hinter meinem Rücken bewegt er sich aber auf Dating-Plattformen und trifft andere Frauen. Als ich ihn darauf angesprochen habe, hat er es geleugnet ... Mit mir gibt er sich sexuell schlicht keine Mühe mehr. Jetzt ist es nur noch «rein–raus». Da stellt es mir ab! Das will ich nicht mehr. Als wir einander kennenlernten, war es sexuell toll mit ihm. Er war zärtlich und liebevoll, sehr aufmerksam und hat sich um mich bemüht. Wir haben sogar zwei *Slow-Sex*-Seminare zusammen besucht. Eine sehr schöne Erfahrung! *Slow Sex* kannte ich vorher schon und hatte immer einen guten Zugang dazu. Im *Slow Sex* wird sehr spürbar, an welchem Punkt sich jemand genau befindet und wie die beiden Beteiligten zueinanderstehen.

Seit fast fünf Jahren treffe ich regelmässig einen jungen Mann für Sex. Sven weiss davon. Yves und ich sehen uns immer auswärts. Nur einmal war ich bei ihm. Er wohnt ja noch daheim bei seiner Mamma. Er war 22, als wir einander kennenlernten. Jetzt ist er bald 27. Mit ihm spüre ich eine tiefe Verbindung, eine Beziehung. Ja, eigentlich lieben wir einander. Er erkennt es nur nicht. Ich bin seine erste richtige Sexualpartnerin. Vor mir hatte er nur ein paar sehr flüchtige sexuelle Begegnungen an Partys oder so. Yves und ich haben über die Jahre unsere ganz eigene Sexualität gemeinsam entwickelt, unseren eigenen Stil. Mit ihm passt es für mich zum Beispiel total, *kinky* zu sein oder auch mal ein Sex-Toy wie einen *Dildo* oder einen *Penis-Strap* einzubauen. Wenn wir uns treffen, ziehe ich immer spezielle *Kinky*-Kleidung an: Stiefel, Lack, Leder. Ich trage nie einfach Jeans und Bluse. Jede Begegnung ist ein richtiges Fest für uns! Wir haben tollen Sex. Seit ich das *Squirten* für mich entdeckt habe, *squirte* ich bei jedem Sex, häufig sogar mehrmals. Es würde mir wirklich fehlen, wenn ich es nicht tun könnte. Inzwischen kann ich bis zu elfmal hintereinander *squirten*!

Die Dating-Welt hat für mich ihren Reiz verloren.

In den Achtzigerjahren lebte ich eine Weile in einer *Osho*-Kommune in Italien. Dort begann mein jahrzehntelanger, intensiver *Tantra*-Weg. *Tantra* hat mich immer sehr interessiert und inzwischen habe ich mehrere Ausbildungen darin absolviert. Am *Tantra* fasziniert mich das Ganzheitliche und dass es um Sinnlichkeit in all ihren Facetten geht, nicht nur um blosse Sexualität. Ich verstehe mich selbst als heterosexuell. Aber Sinnlichkeit zu erfahren, ist mit jedem Menschen möglich und ist auch nicht an die sexuelle Ausrichtung gebunden. Swingerclubs hingegen widersprechen meiner Idee von *Tantra*. Ich muss jedoch zugeben, dass das möglicherweise ein Vorurteil ist. Ich war bisher noch gar nie in einem Swingerclub, habe nur davon gehört. Ein erotischer Club im Kanton Thurgau wurde mir beispielsweise sehr empfohlen. Er soll richtig schön sein. Es reizt mich aber einfach nicht wirklich, da hinzugehen. Ich wüsste ehrlich gesagt momentan gar nicht, mit wem. Am ehesten würde ich vielleicht mit Sven hingehen. Ich könnte mir gut vorstellen, dass er sich für Swingerclubs interessiert. Aber ich würde nicht dabei zuschauen wollen, wie er mit einer anderen Frau Sex hat und sie vielleicht sogar penetriert. Das wäre mir zu viel! Auch die Dating-Welt hat für mich ihren Reiz verloren. Da ich aus beruflichen Gründen viel Körperlichkeit lebe und Körpernähe erfahre, muss ich mir nicht noch zusätzliche Nähe und Zärtlichkeit bei Dates in meiner Freizeit holen. Daran fehlt es mir nicht.

Was mir jedoch fehlt, ist eine richtige Beziehung. Eine Liebesbeziehung mit allem Drum und Dran – das wünsche ich mir. Zwar habe ich sexuell sehr vieles ausprobiert und erlebt. Das schon. Aber wenn ich ganz ehrlich bin, würde ich nicht sagen, dass das, was ich beim Sex erlebe, wirklich erfüllend ist ... Vielleicht kann Sex das gar nicht bieten ... Vielleicht geht es mir im Grunde genommen gar nicht um Sex ... Vielleicht suche ich etwas ganz Anderes.

MEINE GESCHICHTE – JOHANNA

«Der Termin vor der Scheidungsrichterin war wie eine zweite Heirat.»

JOHANNA, 60 JAHRE ALT, VERHEIRATET, HAT DREI ERWACHSENE KINDER UND LEBT TEILWEISE MIT IHREM MANN KAI (60) ZUSAMMEN, TEILWEISE IN IHRER EIGENEN WOHNUNG MIT IHREM JÜNGSTEN KIND.

Mir haben immer Männer gefallen, die eine starke, körperliche Ausstrahlung haben, und ich glaube, es war mein Vater, der mein Männerbild geprägt hat. Er ist ein sinnlicher Mensch, der gerne berührt. Auf alten Bildern von uns beiden klebe ich förmlich an ihm. Ich habe mich immer sehr wohl in seiner Nähe gefühlt und das ist bis heute noch so.

Meine erste sexuelle Begegnung hatte ich mit 18 Jahren, also recht spät, wie ich damals fand. Heute sehe ich das etwas differenzierter und finde es wichtig, dass man sich Zeit lässt und wartet, bis man wirklich bereit ist. Für mich war mein erster Sex ein ergreifendes, fast schon existenzielles Erlebnis. Durch den Sex haben sich mir grosse, intensive Gefühle eröffnet und ich habe gemerkt, dass man sich auch mit einer Person ausserhalb der eigenen Familie sehr tief verbinden kann. Etwas später habe ich mich dann zum ersten Mal so richtig verliebt. Er war ein sinnlicher, wilder Mann, aber sexuell war es sehr knarzig zwischen uns. Ich glaubte, er sei total erfahren, was wahrscheinlich gar nicht gestimmt hat, und ich sei für ihn nicht wirklich interessant. Später habe ich festgestellt, dass es für mich manchmal einfacher war, den Sex mit einem Mann so richtig zu geniessen, wenn meine Gefühle ihm gegenüber gemässigter waren. Wenn emotional für mich nicht so viel auf dem Spiel stand, verspürte ich weniger Druck, es «richtig» machen zu müssen. Man kann eine

Beziehung nicht über die Sexualität bewerten, meiner Meinung nach. Du kannst eine sehr erfüllte Sexualität geniessen und trotzdem wissen, dass du mit diesem Mann nicht zusammenleben kannst. Das habe ich mehrmals erlebt – und ich bin darüber erschrocken und habe mich geschämt. Ich dachte damals, Sexualität müsse doch zwingend mit Liebe verbunden sein. Inzwischen weiss ich, dass das nicht unbedingt so sein muss.

Luc und ich haben nie verhütet.

Mit 19 Jahren habe ich beschlossen, aus meinem Freundeskreis auszubrechen und in die französische Schweiz zu ziehen. Meine Freunde in Basel haben ständig gekifft und Dinge gemacht, die mich überhaupt nicht interessiert haben. Im Welschland war alles neu für mich und unbelastet. Hier habe ich Luc kennengelernt, einen Künstler. Er hatte etwas von einem Bad Boy, war Alkoholiker und auch etwas autistisch veranlagt. Das alles hat mich nicht abgeschreckt, im Gegenteil. Ich hatte oft das Bedürfnis, die Männer zu unterstützen, die mir in meinem Leben begegnet sind. Ich wollte ihnen dabei helfen, sich selbst besser zu verstehen. Das war natürlich auch mit Erwartungen und mit Frustrationen verknüpft, wenn es nicht geklappt hat. Mit Luc verband mich eine grosse körperliche Leidenschaft. Über seinen Körper – und natürlich auch über seine Kunst – konnte er sich viel besser ausdrücken als mit Worten. Luc wollte eigentlich keine Beziehung oder wusste gar nicht, wie das ging. Er war vor allem mit seiner künstlerischen Arbeit beschäftigt und damit, sein Image aufzubauen. Mit zwölf Jahren hat er sich seine ersten Tattoos selbst gestochen, ist teilweise in Erziehungsheimen aufgewachsen und hat schon früh die harten Seiten des Lebens kennengelernt. Das alles hat mich total fasziniert. Wahrscheinlich, weil ich selbst so anders war, ängstlicher, kontrollierter.

Wir hatten eine wilde Beziehung, die sich im Geheimen abspielte, weil ich gleichzeitig einen anderen Freund hatte. Nach ein paar Monaten bin ich schwanger geworden. Luc und ich haben nie verhütet – es ging einfach nicht. Unser Sex war wie ein Rausch. Meine Schwangerschaft habe ich von Anfang an als Teil von etwas Grösserem betrachtet. Ich hatte nicht das Gefühl, etwas entscheiden zu müssen. Es war, wie es war. Mein Freund hat sehr grosszügig reagiert. Er wollte zu diesem Kind stehen, auch wenn es nicht sein eigenes war. Aber für mich stimmte das so nicht und so habe ich mich von ihm getrennt. Auch Luc hat die Schwangerschaft gut aufgenommen. Er meinte, jetzt würden wir den Tisch nicht mehr nur für zwei Personen, sondern für drei decken. Aber ganz so einfach war es dann doch nicht. Für Luc bedeutete die neue Situation, dass er nun Geld verdienen musste. Er hat es auch versucht, aber war sehr unglücklich dabei. Als unsere Tochter noch ein Baby war, hat er sich auf eine andere Frau eingelassen, war mit ihr intim und das hat mich wahnsinnig verletzt. Mit der Zeit habe ich aber gemerkt, dass es ihm dabei nicht um diese andere Frau ging, sondern um ein anderes Leben. Eigentlich wollte er sich selbst und auch mir damit zeigen, dass er nicht jeden Tag zu irgendeiner Arbeit gehen und abends Familie spielen konnte.

Eine tiefe, zufriedene Liebe erfüllt mich mit Lebendigkeit.

Als unsere Tochter zwei, drei Jahre alt war, bin ich wieder zurück nach Basel gezogen. Ich habe eine Arbeit und eine günstige Wohnung gefunden und meine Mutter hat auf meine Tochter aufgepasst, wenn ich bei der Arbeit war. Luc hat ein Stipendium bekommen, zog auch in die Nähe von Basel und wir waren noch zwei Jahre lang eine Art Paar. Aber danach zog er wieder ins Welschland, wo sein Lebensmittelpunkt war, und ich konnte das ohne Groll akzeptieren. Wenn ich Luc heute begegne, verspüre ich jedes Mal eine grosse Freude. Wir umarmen uns innig, halten uns fest und sind dankbar, dass wir eine so tolle Tochter haben.

Nach Luc hatte ich andere Beziehungen. Dabei habe ich einiges über mich erfahren. Ich glaube, ich habe mich als Frau oft aktiv um Männer bemüht – manchmal auf meine Kosten. Wenn sich beispielsweise jemand für mich interessiert hat, hat es mir oft so geschmeichelt, dass ich mich total hingegeben habe, obwohl es vielleicht gar nicht so gepasst hat. Und manchmal habe ich viel später gemerkt, dass gar keine Tiefe vorhanden war oder dass es nicht Liebe war ... Heute bin ich der Meinung, dass eine Liebe reifen können muss. Viele Menschen schwärmen vom Verliebtsein, aber auf mich trifft das nicht zu. Mich hat das Verliebtsein immer sehr viel Kraft gekostet und irgendwie auch ausgebrannt. Eine tiefe, zufriedene Liebe erfüllt mich hingegen mit Lebendigkeit. Neu habe ich an mir entdeckt, dass ich zwar immer noch Dinge an meinem Partner erkenne, die mir vielleicht nicht passen, aber dass sie meine Liebe nicht mehr schmälern. Früher habe ich zum Teil richtiggehende Allergien gegen gewisse Verhaltensweisen entwickelt und war total darauf fokussiert. Inzwischen habe ich erkannt, dass meine Haltung streng, voller Widerstände und manchmal sogar lieblos war. Heute bemühe ich mich bewusst, offener und grosszügiger zu sein.

Wir haben uns wiedergefunden – und nie mehr verloren.

Das zeigt sich auch in der Beziehung zu meinem Mann. Ich kannte Kai schon seit der Schulzeit. Später, als wir beide 33 Jahre alt waren, sind wir uns an einer Hochzeit wieder begegnet. Er ist ein attraktiver Mann mit schönen Lippen und einer sinnlichen Ausstrahlung und er hat mich stark angezogen. Wir haben die ganze Nacht miteinander getanzt, ich bin mit ihm nach Hause gegangen und wir hatten wunderbaren Sex. Nach dieser Begegnung ging er auf eine monatelange Segeltour und meldete sich nie, worüber ich enttäuscht war. Aber nach seiner Rückkehr hat er mich zu seinem Geburtstag eingeladen und wir haben uns wiedergefunden und seither nie mehr wirklich verloren. Nach einem Jahr kam unser erstes gemeinsames Kind zur Welt und ein paar Jahre später noch ein zweites und wir haben geheiratet. Wir waren beide sehr glücklich über unsere Familie. Gleichzeitig hielt aber der Alltag Einzug und die Kleinigkeiten, worüber wir uns uneinig waren, wurden grösser und grösser. Wir konnten sehr schlecht miteinander kommunizieren.

Ich glaube, es gibt Frauen, die sich bewusst einen Mann als Partner aussuchen, der in erster Linie als Vater für ihre Kinder taugt. Das war nie meine Denkweise. Kai gefiel mir als Mann. Aber nun war ich den ganzen Tag zuhause, immer für die Kinder zuständig, während Kai abends mit seinen Freunden ein Bier trank oder kurzfristig auf Segeltörn ging. Unser jüngstes Kind war noch ganz klein und Kai verschwand für Wochen! Das war mir vollkommen unbegreiflich. Dazu kamen weitere Probleme: Geld verdienen, Verantwortung übernehmen – das waren schwierige Themen für Kai. Um ihn zu entlasten, wollte ich wieder arbeiten gehen. Aber damit hatte er Mühe, wohl durch seine familiäre Prägung. Er wollte lieber mit ganz wenig Geld auskommen, als dass ich noch arbeiten ging …

Irgendwann wollte ich mehr. Ich habe mich beruflich neu orientiert, mich weitergebildet, mein eigenes Geschäft eröffnet und war genügend erfolgreich damit, um finanziell unabhängig zu sein. Kai hat mir dabei geholfen, aber an meinen Erfolg hat er nie geglaubt. Auch das hat mich verletzt. Trotz unserer Schwierigkeiten hat die Sexualität zwischen uns aber immer funktioniert. Unsere Körper passen gut und natürlich zueinander. Ausnahmen waren nur Phasen, in denen sich jeder in sich zurückgezogen hatte und weder er noch ich einen Schritt auf den anderen zu machen konnten. Durch die fehlende Kommunikation habe ich mich manchmal sehr einsam gefühlt. Kai hat sich zwar immer für die Kinder interessiert, hat sich aber regelmässig längere freie Zeiten genommen, ohne die Situation richtig mit mir zu besprechen. Das habe ich ihm übel genommen. Früher habe ich geglaubt, jeder Mensch würde das geben, was er wolle, und könne das bewusst steuern. Inzwischen weiss ich, dass jeder das gibt, was er kann.

Als ich finanziell unabhängiger geworden bin, habe ich mir eine eigene Wohnung gesucht und zu Beginn dort tageweise gelebt. Zu dieser Zeit habe ich eine frühere Beziehung zu einem anderen Mann wiederaufgenommen und war Kai gegenüber transparent. Kai wollte immer noch mit mir zusammen sein, aber ich musste mich befreien – auch von meinem schlechten Gewissen ihm gegenüber – und so bin ich dann ganz aus der gemeinsamen Wohnung ausgezogen.

Ich wusste nicht, wo ich hingehöre, was ich suche, was ich will.

Zehn Jahre lang waren Kai und ich getrennt. Jetzt sind wir wieder zusammen. Wahrscheinlich haben wir uns nie wirklich losgelassen. Mit keinem anderen Mann habe ich diese Geborgenheit und Selbstverständlichkeit leben können. Auch die Sexualität mit anderen Männern war manchmal richtiggehend haarsträubend: Oft hatte ich das Gefühl, viel mehr Lust als mein Partner zu haben, und wenn es trotzdem zum Sex kam, fehlte die Leidenschaft oder es gab keine eigentliche Nähe. Bei Kai habe ich hingegen immer gespürt, dass er mich begehrt, dass er mich rundum gut findet, nicht nur körperlich, auch als Frau, als Mensch. Das ist herrlich! Während der ganzen Zeit, in der wir nicht mehr unter einem Dach gelebt haben, hatten wir immer wieder Sex – auch als ich einen anderen Partner hatte. Unsere Körper blieben in Kontakt. Das war vor allem auf Kai zurückzuführen. Bei unseren Treffen kam er mir immer sehr nahe, hat mit mir Händchen gehalten oder mich umarmt, bis auch ich Lust bekommen habe ... Ich glaube, mein grösstes Problem war damals, dass ich nicht wusste, wo ich hingehöre, was ich suche, was ich will. Lange Zeit konnte ich keine Antworten finden. Das einzige, was mir schliesslich geholfen hat, war, Ordnung in mein Leben zu bringen. Und zwar indem ich wieder starke Gefühle zugelassen habe. Als Kai und ich unseren Scheidungstermin hatten und wir vor der Richterin sassen, hat mich ein Blitz durchzuckt und ich habe mit einem Mal realisiert: Halt, ich will diesen Mann doch gar nicht loslassen! Es war so krass! Kai wollte sich ohnehin nie scheiden lassen und so haben wir beide nicht unterschrieben und sind wieder gegangen.

Kai und ich sind jetzt wieder ein Ehepaar.

Das war vor drei Jahren. Kai hatte damals eine Freundin, die vier Kinder hatte und ihn gerne geheiratet hätte. Aber ich habe gemerkt, dass ich ihn für mich wollte. Ich habe verstärkt um Zeit für uns und aktiv um Kai gekämpft. Immer wieder habe ich ihm Zeichen gegeben, dass ich bereit wäre, es nochmals zusammen zu versuchen. Irgendwann hat seine Freundin so viel Druck gemacht, dass er sich von ihr getrennt hat – er wollte sie ohnehin nie heiraten. Kai und ich sind jetzt wieder ein Ehepaar. Wenn ich ihn vorstelle, sage ich nun: «Das ist mein Mann.» Früher habe ich ihn immer nur mit seinem Vornamen vorgestellt. Der Termin vor der Scheidungsrichterin war für mich wie eine zweite Heirat. Ich finde es schön, mich ausschliesslich auf eine Person einzulassen. *Polyamorie* hat für mich nie funktioniert. Ich habe gemerkt, dass in meinem Leben kein Platz ist für mehrere enge Bezugspersonen. Und wenn sie nicht so eng sind, wofür brauche ich sie denn?

Wenn Kai und ich Sex haben, machen wir nichts speziell Romantisches. Wir trinken keinen Champagner davor oder schauen uns tief in die Augen. Ich berühre ihn einfach sehr gerne, mag seinen Geruch, liebe es, ihm nahe zu sein. Im Alltag küssen wir uns oft und ich streichle ihn häufig. Er ist sehr empfänglich dafür und schätzt es. Es ist nicht so, dass wir die ganze Zeit Sex haben, manchmal halten wir uns einfach fest. Wir berühren einander und vielleicht passiert etwas und wenn nicht, ist niemand beleidigt. Wenn wir aber Sex haben, dann ist es eine intensive, nährende, tiefe Begegnung.

Ich würde gerne wieder mit Kai zusammenwohnen, sobald unser jüngstes Kind bei mir ausgezogen ist. Wir reden manchmal darüber, wie unsere Zukunft sein wird, und haben gleiche Vorstellungen. Mein allerliebstes Bild sieht so aus, dass ich in 20 Jahren mit Kai vor unserem Haus auf einem Holzbänkchen sitze. Wir halten uns an der Hand, schauen in die Natur und sind dankbar dafür, dass es unseren Kindern gut geht und wir ein schönes Leben gehabt haben. Wir sitzen da, in Ruhe und Verbundenheit.

MEINE GESCHICHTE – LENA

«Mir geht es weniger um Sex als um Sinnlichkeit.»

LENA, 51 JAHRE ALT, GESCHIEDEN, HAT ZWEI ERWACHSENE KINDER UND EINEN NEUEN PARTNER, MAX (58), MIT DEM SIE NICHT ZUSAMMENWOHNT.

Ich war 21 Jahre alt, als ich Hannes, meinen späteren Ehemann, getroffen habe. Hannes habe ich vor allem als Person kennen und schätzen gelernt, nicht als Sexualpartner. Er vermittelte mir Sicherheit, was mir damals sehr wichtig war. Mit ihm konnte ich mir eine gemeinsame Zukunft gut vorstellen. Naiv wie ich war, dachte ich, die Sexualität würde sich dann schon ergeben. Aber eigentlich war es von Anfang an in dieser Hinsicht nie besonders prickelnd. Wie übrigens auch nicht mit den zwei, drei Freunden, mit denen ich vor Hannes zusammen war. Auch mit ihnen hat mir der Sex nicht speziell gefallen.

Das Thema Sexualität kam in meiner Erziehung gar nie vor. Mein Vater war lange Zeit krank und ist mit 55 Jahren verstorben, als ich 13 war. Meine Mutter hat später nie wieder einen anderen Partner gehabt. Ich kann mich nicht erinnern, mit ihr je über Sexualität gesprochen zu haben. Ich war vollkommen sprachlos auf diesem Gebiet, auch später mit meinem Mann. Wenn ich mit Hannes Sex hatte, waren gewisse Aspekte schon schön, aber ich habe das Ganze nie so richtig genossen. Ich war immer recht passiv und nicht wirklich im Geschehen involviert. Irgendwie war die Sexualität keine Priorität in unserer Beziehung. Anderes war immer viel wichtiger und dringender. Vor allem nachdem unsere Kinder geboren wurden, stand die Sexualität immer hintenan. So etwa einmal pro Woche hatten wir Sex und für mich war es vor allem eine Pflicht. Ich selbst hatte nicht viel davon.

Ich hatte auch nie einen Orgasmus. Hannes hat im Lauf der Zeit einige Vorschläge gemacht zur Verbesserung unserer Situation, zum Beispiel dass wir zusammen einen *Tantra*-Kurs besuchen könnten. Aber ich hatte damals schlicht kein Interesse daran. Im Nachhinein denke ich, dass ich einfach keine Lust hatte, mit Hannes solche Erfahrungen zu machen. Unserer Trennung ging ein langer Prozess des Auseinanderlebens voraus, der sich über viele Jahre hinweg zog. In der letzten Phase unserer 23-jährigen Ehe hatten wir gar keinen Sex mehr, weil ich nicht wollte.

Ich bin wohl doch nicht frigid. Ich bin doch ok.

Da ich nie Lust verspürte, dachte ich, ich sei frigid. Ich habe mich gegen alles Sexuelle verschlossen, ja mich fast wie mit einem Panzer umhüllt. Und eigentlich habe ich erwartet, dass das auch nach meiner Trennung so bleiben würde. Aber da habe ich mich getäuscht. Nach und nach, durch neue Erfahrungen, haben sich diese verhärteten Verhaltensmuster gelöst und ich habe gemerkt, dass ich mich zum Glück von diesem Panzer befreien kann. Nach meiner Trennung hatte ich einige Sexualpartner und habe mit ihnen viel Neues erlebt. Zum Beispiel Oralsex, den ich mit Hannes nie zulassen konnte. Jetzt, mit einem anderen Mann, ging es plötzlich und es gefiel mir sogar! So habe ich gemerkt: Wow, ich kann ja auch ganz anders sein! Ich bin wohl doch nicht frigid. Ich bin doch ok.

Auf meiner Reise zu mir selbst war das Tanzen eine Art Türöffner. Über den Tanz bin ich auch im übertragenen Sinn in Bewegung gekommen. So habe ich gemerkt, dass es in mir etwas gibt, das sich entfalten könnte. Dessen war ich mir zuvor gar nicht bewusst. Zunächst habe ich mit Salsa angefangen; später habe ich den Tango für mich entdeckt. Beim Tango sind die beiden Tanzpartner immer im Körperkontakt, sogar ihre Köpfe sind in Berührung. Es ist kein sexueller, aber ein sehr intimer Tanz, der eine bestimmte äussere, aber auch innere Haltung bedingt. Ob Mann oder Frau: Man ist immer in der eigenen Achse, hält die Spannung. Es ist alles sehr gesittet, aber wenn man gut tanzen möchte, muss man den Kopf ausschalten können und sich ins Erlebnis hineinfallen lassen. Wenn man das zulässt, kann man in eine andere Sphäre eintreten, ähnlich wie bei einem Orgasmus. Diese Sinnlichkeit im Tango spricht mich sehr an.

Einmal haben wir eine Woche lang nur Tantra gemacht.

Meinen jetzigen Partner Max habe ich über das Tanzen kennengelernt. Als wir zum ersten Mal Sex hatten, war es ein unglaubliches Erlebnis für mich! Eine völlig neue Art der Nähe und der Sinnlichkeit hat sich mir dabei eröffnet. Max macht schon lange *Tantra*, wie übrigens viele Tango-Tänzerinnen und -Tänzer. Ich wollte mehr darüber erfahren und Max hat mich in diese Welt eingeführt. *Tantra* ist ja nicht einfach Geschlechtsverkehr; eine *Tantra*-Session ist ein eigentliches Ritual. Einmal haben Max und ich eine Woche lang nur *Tantra* gemacht. Es war unbeschreiblich schön! Nun sind wir seit zwei Jahren zusammen und haben in dieser Zeit unsere eigene Art der sinnlichen Begegnung entwickelt, die für uns stimmig ist. Wir befolgen keine bestimmten Abläufe, wie sie im *Tantra* zum Teil vorgesehen sind. Was wir tun, ergibt sich organisch aus unserem Zusammensein, aus der Situation heraus. Es geht bei unseren Begegnungen viel mehr um Berührungen als um handfesten Sex. Und auch der Orgasmus, ob seiner oder meiner, ist uns nicht wichtig, sondern die sinnliche Stimmung, die wir zusammen schaffen und geniessen. Wir machen das, wozu wir Lust haben, und das gefällt mir ausserordentlich gut. Ich möchte es nie mehr anders haben.

Max ist ein sehr dynamischer Mann, ein verspielter und einfallsreicher Tänzer und gleichzeitig sehr bewusst und zentriert. Ich geniesse es sehr, dass ich mit ihm sein und dennoch frei bleiben kann. Er hat seine eigene Wohnung, ich habe meine und das stimmt so für mich. Ich habe momentan kein Bedürfnis, mit einem Mann zusammenzuleben. Wir treffen uns vor allem am Wochenende und haben dann immer Sex, weil ich Lust darauf habe. Ich bin nicht mehr passiv und lasse Sex mehr oder weniger über mich ergehen, sondern ich bin aktiv involviert und kann ausdrücken, was ich möchte. Inzwischen liebe ich Sex und dabei hätte ich früher nie gedacht, dass es mir eines Tages so gut gefallen könnte. Vielleicht kann ich es jetzt umso mehr geniessen, gerade weil ich das früher nie ausgelebt habe. Alles, was ich in meiner Jugend nicht erfahren habe, versuche ich jetzt bewusster nachzuholen.

Sinnlichkeit hat für mich viel mit Selbstliebe zu tun.

Sexualität wird oft auf den eigentlichen Akt reduziert. Aber für mich greift das zu kurz. Mir selbst geht es weniger um Sex als um Sinnlichkeit an sich. Sie ist inzwischen ein sehr wichtiges Thema in meinem Leben geworden. Ich glaube, das liegt daran, dass ich heute freier bin, auch von Verpflichtungen. Ich bin offener und schaffe bewusst Zeit für diese Begegnungen. Sinnlichkeit ist für mich nicht an einen bestimmten Partner gebunden, sondern kommt eher aus mir selbst, je nachdem ob ich empfänglich dafür bin oder nicht.

Sich zu erlauben, Sinnlichkeit zu erleben, hat für mich sehr viel mit Selbstliebe zu tun. Ich war früher oft sehr selbstkritisch, dachte zum Beispiel, mein Genitalbereich sei nicht schön, meine äusseren Lippen seien zu gross. Ich habe mich immer so geschämt dafür! Das war ein Grund, weshalb ich Sex immer nur im Dunkeln zulassen konnte. Eine Zeit lang dachte ich sogar über eine Intim-OP nach. Heute kann ich sagen: Hey, es ist doch alles schön! Mein Körper ist so, wie er ist, und er ist schön! Erst jetzt, da ich mich selbst akzeptieren kann, kann ich mich auch Anderen öffnen und sie schön finden. Erst heute ist es mir beispielsweise möglich zu sagen, wie gut mir ein Penis gefällt und dass ich Lust habe, ihn zu liebkosen.

Ich bin über 50, aber ich habe immer noch das Gefühl, ich sei jung, und hoffe, dass das noch lange so bleibt. Man kann auch im Alter cool sein, sich schön anziehen und interessante Sachen machen. Ich möchte bewusst leben, weise werden, liebevoll und achtsam im Umgang mit anderen Menschen sein. Viele Tänzer und Tänzerinnen sind objektiv gesehen äusserlich nicht wirklich attraktiv, aber wenn sie gut tanzen können, spielt das keine Rolle. Wenn jemand ein guter Tänzer ist, will jede mit ihm tanzen. So müssen wir das auch machen, egal ob wir tanzen oder nicht. Wir müssen spannend bleiben, wach sein – bis ins hohe Alter. Uns trauen, tiefe Erfahrungen zu machen, die auch weh tun, die existenziell sind. Ich möchte kein weichgespültes Leben führen, sondern alles spüren. Dann ist das Leben reich und schön!

MEINE EIGENE GESCHICHTE

HABT IHR LUST BEKOMMEN, EURE EIGENE GESCHICHTE AUFZUSCHREIBEN? HIER SIND EINIGE DER FRAGEN, DIE WIR UNSEREN GESPRÄCHSPARTNERINNEN GESTELLT HABEN:

— *Wie bist Du aufgewachsen?*
— *Welche Art von Beziehung hatten Deine Eltern?*
— *Wie bist Du aufgeklärt worden?*
— *Wann hast Du ein erstes Interesse an der Sexualität bemerkt und wie?*
— *Wann hattest Du Deine erste sexuelle Begegnung und mit wem? Was hat das in Dir ausgelöst?*
— *Was gefällt Dir an einem Sexualpartner / einer Sexualpartnerin? Haben sich Deine Vorlieben im Lauf der Jahre verändert? Wie?*
— *Was waren Deine wichtigsten Beziehungen und welche Rolle spielte die Sexualität in diesen Beziehungen?*
— *Wie hat sich Deine Sexualität im Laufe der Jahre entwickelt?*
— *Welche Begegnungen waren besonders schön? Welche weniger?*
— *In welchen Situationen / mit welchen Menschen kannst Du Sex besonders gut geniessen?*
— *Was sind Deine sexuellen Vorlieben und wissen Deine Sexualpartner und -partnerinnen davon?*
— *Gibt es Träume / Fantasien auf diesem Gebiet, die Du gerne erkunden würdest?*
— *Was wünschst Du Dir für die Zukunft in Bezug auf Dein Liebes- und Sexualleben?*

WAS WIR NOCH SAGEN WOLLTEN

Liebe Leserin, lieber Leser!

Ihr seid fast am Ende des Buches angelangt und bevor wir uns verabschieden, möchten wir noch einige Dinge mit Euch teilen, die uns während unserer Arbeit aufgefallen sind.

Schamfrei?!

Mehrere Frauen erwähnten, dass sie ohne Worte für ihre Genitalien aufgewachsen seien – wie übrigens auch wir Autorinnen. Nun, dachten wir, das mag vielleicht ein Generationenproblem sein. Viele von uns sind vor 40, 50 Jahren in Bezug auf die Sexualität ziemlich verklemmt aufgewachsen. Dass das Problem leider immer noch aktuell ist, haben wir erfahren, als wir im Zuge von Recherchearbeiten für dieses Buch einen Workshop mit dem Titel «Hungry Pussy» besuchten. Die meisten Teilnehmerinnen waren junge Frauen. Als es in einer Einstiegsübung darum ging, Bezeichnungen für unser Genital zu nennen, die in unserer Familie üblich waren, kamen aber auch in diesem Kreis Bezeichnungen wie «das da unten» oder «das andere Fudi» (sprich: der andere Po oder Hintern). Es ist schade, dass auch heute 20- oder 30-jährige Frauen mit solchen Begriffen aufgewachsen sind. Ob wir es wollen oder nicht: Die Sprache beeinflusst uns. Sie macht etwas mit uns. Sprache hat Kraft und Macht. Sie formt unser Denken und unser Denken bestimmt, wie wir die Welt sehen. Sie kann uns bestärken oder uns schwächen und beschämen.

Und wenn wir schon bei der Scham sind: die Schamhaare, das Schambein, die Schamlippen, die Scham an sich – überall nur Scham, vor allem in Bezug auf weibliche Genitalien. Von einem «Schamstängel» oder von «Schamsäcken» haben wir jedenfalls noch nie gehört. Scham und schämen gehören zusammen und wir sind überzeugt, dass es einen

Unterschied machen würde, wenn wir statt Schamlippen beispielsweise Venuslippen oder Vulvalippen sagen würden. Wenn wir das Wort «Scham» im Zusammenhang mit der Sexualität einfach weglassen würden. Sexualität ist etwas Freudvolles, Schönes und es liegt an uns selbst, die für uns passenden Worte dafür zu verwenden und nicht einfach Begriffe zu übernehmen, die für uns nicht stimmig sind oder sich falsch anhören. Sprache ist natürlich immer auch eine Sache des individuellen Geschmacks. Manche Frauen finden den Begriff «Scheide» sehr treffend, andere «Vagina» besser, wieder andere reden von ihrer «Möse» und nochmals andere von ihrer «Muschi» oder «Yoni». Und wer mag, kann ja auch kreativ mit der Sprache umgehen und selbst Worte finden oder erfinden für alles Schöne, das unsere Körper zu bieten haben. Zum Beispiel sinnliche Alternativen für das unsägliche Wort «Brustwarze» ... Und es geht ja nicht nur um einzelne Wörter, sondern um das Reden über Sex an sich.

Let's Talk About Sex

Von der letzten Ferienreise – ein klassisches Smalltalk-Thema – wird ohne Zögern jedes Detail erzählt. Auch gesundheitliche Themen wie Kopfweh, Fusspilz, Brechdurchfall, Schwangerschaftsbeschwerden, Probleme mit der Menopause, aber auch Brustvergrösserung oder Nasenkorrektur werden unbeschwert und breit besprochen. Es darf auch neugierig nachgefragt werden. Geht es jedoch nur ansatzweise um Sex (und vielleicht noch um Geld – ja, bei Geld ist es auch so), ist das Gespräch manchmal doch recht rasch vorbei.

Welche Frau würde während der Kaffeepause schon einen Satz fallen lassen wie: «Heute Morgen war ich etwas später dran als sonst. Ich hatte einen längerdauernden Ganzkörperorgasmus mit anschliessendem Zucken und Zittern und konnte mehr als zehn Minuten nicht aufstehen, von Gehen ganz zu schweigen ...», um dann im fröhlichen Plauderton fortzufahren: «Leider klingelte just dann das Telefon, als wir danach soo schön am Kuscheln waren und noch kurz eingestöpselt dalagen ...» Eine junge Praktikantin würde anfügen: «Ach Leute, stellt euch vor: Vorgestern habe ich das Ejakulieren entdeckt! Es kam so richtig viel Flüssigkeit und sie roch gar nicht, wie ich immer gedacht hatte, nach Urin. Da ist ja gar kein Urin – oder nur ganz wenig – drin. Das weibliche Sperma … hä, oder wie nennt Ihr das eigentlich? Ejakulat klingt ja total retro und schräg! Also, auf jeden Fall ist es analog der Samenflüssigkeit ein Gemisch aus Allerlei, eine Art Gesamtkörper-Cocktail. Spannend, findet Ihr nicht?!» Ihr Kollege würde antworten: «Ja, es ist super spannend! Meine Freundin hat das *Squirten* kürzlich auch entdeckt. Wir sind begeistert! Ich wünschte nur, wir hätten beide schon früher davon gewusst. Sagt einem ja wieder mal niemand etwas darüber, als sei das ein Geheimnis oder so … Umso schöner, dass wir hier beim Kaffee mal darüber sprechen.»

Das imaginäre Pausengespräch scheint utopisch. Das neu erworbene Sex-Toy mit all seinen Features als beliebtes, unverfängliches Smalltalk-Thema? Diskussionen über ein von einer Mehrheit als stimmig empfundenes Wort für das weibliche Sperma oder Fachsimpeln über Ganzkörperorgasmen? Fehlanzeige! Bis jetzt, jedenfalls.

Vielleicht bahnt sich ein Wandel an? So meinte ich kürzlich zu meiner Tochter: «Man kann im Büro doch nicht einfach so mal kurz noch über das Ejakulieren plaudern.» Worauf sie nur lakonisch antwortete: «Doch, DU kannst!!» Vielleicht geht's einfach darum, dass jemand damit beginnt.

Wechseljahre – was ist das?

Als wir alle Geschichten für dieses Buch beisammen hatten, ist uns aufgefallen, dass keine einzige Frau in ihren Schilderungen je einen Satz über die Wechseljahre verloren hat. Das hat uns stutzig gemacht und zum Denken angeregt. Was, wenn die Wechseljahre im Leben der Frauen gar nicht relevant wären? Versteht uns bitte nicht falsch: Wir massen uns nicht an, anderen Frauen zu sagen, ob es die Wechseljahre gibt oder nicht. Und schon gar nicht, dass die Symptome, die sie eventuell verspüren, nur eingebildet seien. Aber könnte es sein, dass die Wechseljahre als besonders anspruchsvolle Phase im Leben einer Frau in erster Linie als Verkaufsargument eingesetzt werden? Durch den Mythos der Wechseljahre werden, so scheint es, ganz spezielle Therapien, Behandlungen, Medikamente, Heilmittel und Kosmetika nötig – mit denen ganz schön viel Geld gemacht wird. Ist es vielleicht nicht eher so, dass es sich bei den Wechseljahren um einen ganz natürlichen Alterungsprozess handelt, der nicht nur Frauen, sondern auch Männer, Tiere, Pflanzen, Häuser, ja, schlicht alles betrifft? Und könnte es sein, dass die Frauen, die wir im Buch befragt haben, verstehen, dass Veränderung zum Leben gehört wie das Wasser zum Meer und dass sie deshalb die Wechseljahre kein einziges Mal erwähnt haben?

Nur keinen Stress!

Mit unserem Buch möchten wir eine möglichst grosse Bandbreite präsentieren, wie das Leben in Bezug auf Sexualität verlaufen kann. Natürlich darf man das als Input betrachten, in erster Linie ist es jedoch als wertfreie Bestandsaufnahme und zur Aufklärung gedacht. Was wir auf keinen Fall möchten, ist, in irgendwelcher Form Druck zu erzeugen. *BDSM*, *Kinky*-Sex, *Squirten*, Dating-Plattformen, der Besuch eines Swingerclubs, *Tantra*, *Slow Sex* – diese und noch viele andere Themen kommen in den Erfahrungsberichten und auch in den Interviews mit Fachleuten vor. In keiner Weise möchten wir damit Stress erzeugen: Weder sollt Ihr eine Erotik-Boutique besuchen, noch eine Sexualtherapeutin konsultieren, wenn Euch das gar nicht interessiert. Wir möchten den Optimierungsdruck, der schon so viele Bereiche des postmodernen Lebens erfasst hat, nicht auch noch auf dem Gebiet der Sexualität in irgendeiner Weise verstärken. Das Wort «müssen» hat unserer Meinung nach im Zusammenhang mit Sex nichts verloren. Auch die *sexpositive Bewegung*, die im Buch ebenfalls erwähnt wird und der wir uns verbunden fühlen, geht davon aus, dass Sexualität gelebt werden kann – aber nicht gelebt werden muss. Keinen Sex zu haben, ist demnach genauso total ok, wie Sex zu haben.

Erfüllte Sexualität – was könnte das sein?

In diesem Buch erzählen Frauen ihre Geschichte und Expertinnen und Experten äussern sich aus verschiedener Sicht über Sexualität. Insgeheim habt Ihr Euch vielleicht von der Lektüre Hinweise darauf erhofft, wie Ihr Eure persönliche Sexualität erfüllender leben könnt. Das ist eine heikle Frage.

Wir denken, es braucht keine speziell erfüllte Sexualität, um erfülltes Leben zu erfahren. Für ein erfülltes Leben braucht es möglicherweise sogar überhaupt nichts, ausser das Leben selbst – und das ist immer schon da. Es ist schon vollständig und erfüllt. Man könnte auch sagen: Das Leben lebt sich selbst – quasi «ohne uns». Jedenfalls ohne unser Dazutun. Und was das Leben genau ist, bleibt im Tiefsten ein Geheimnis. Es ist unfassbar. Es ist jenseits aller Worte. Und doch kommt in dem, was das Leben ist, offenbar manchmal eben auch Sexualität vor.

Ohne genaue Vorstellung, was Sexualität sein sollte, und ohne die Idee, dass sie in irgendeiner Weise erfüllend sein sollte oder dass sie nicht erfüllend sein könnte, gibt es damit überhaupt nichts zu tun.

Es spricht nichts dagegen – aber auch nicht zwingend etwas dafür (ausser vielleicht die Tatsache, dass es schön sein kann) –, dass Sexualität geschieht. Dann ist sie einfach ein möglicher Ausdruck dessen, was immer schon vollständig da ist, in allem: in der Natur, der Musik, dem Klang der Welt …

Wir sind am Ende unseres Buches angelangt, liebe Leserin und lieber Leser. Zum Schluss möchten wir Euch ein Zitat der amerikanischen Sexualtherapeutin Ruth Westheimer mit auf den Weg geben:

«Suche nicht nach der Wahrheit eines anderen Menschen, sondern deiner eigenen.»

Wir hoffen, dieses Buch inspiriert Euch dazu, Eure eigene Wahrheit zu suchen – und zu finden.

Herzlich,
Monica Bürki & Nadia Fernández

GLOSSAR

Anal-Plug, auch *Butt Plug* – Sexpielzeug, das in den Anus eingeführt werden kann, um diese Körperregion zu stimulieren. Es sind Modelle mit oder ohne Vibration erhältlich.

Andreaskreuz – Holz- oder Metallkreuz in Form eines X, das bei Fessel- und *BDSM*-Spielen verwendet wird. Es verfügt über Ösen oder Haken zur Fixierung von Armen und Beinen mittels Seilen, Ketten oder Handschellen.

BDSM – Abkürzung für die englischen Begriffe «bondage», «discipline» (oder «domination»), «sadism» und «masochism». BDSM spielt mit Dominanz und Unterwerfung, Rollenverteilungen und/oder Fesselungen. Der Begriff entstand in den 1990er-Jahren aus der Alltagskultur. Heute wird er auch in der wissenschaftlichen Literatur verwendet. BDSM nutzt unter anderem den Zusammenhang von Schmerz und Lust als Mittel für sinnliche und sexuelle Erfahrungen. Es geht dabei nicht nur um Erregung und Entspannung, sondern in erster Linie um das Erkunden und Erweitern von Grenzen.

Bondage – Ein Teilbereich des *BDSM*-Spektrums, bei dem es um Fesseltechniken und -spiele geht.

Cis – Bezeichnung für eine Person, deren Geschlechtsidentität dem bei der Geburt von aussen zugewiesenen Geschlecht entspricht.

Dildo – Sexpielzeug, das in Form und Grösse einem erigierten Penis gleicht und hauptsächlich zur vaginalen und analen Stimulation eingesetzt wird. Im Unterschied zu einem Vibrator verfügt ein Dildo über keine Vibrationsfunktion. Ursprünglich waren die ersten Dildos aus Holz; heute sind sie vor allem aus Kunststoff. Hochwertige Modelle bestehen oft aus Glas oder Edelstahl.

Gangbang – Sexuelle Praktik, bei der ein passiver Teilnehmer oder eine Teilnehmerin von einer Überzahl aktiver Teilnehmer oder Teilnehmerinnen abwechselnd penetriert wird. Ursprünglich bezeichnete der englische Begriff eine Gruppenvergewaltigung, heute auch eine einvernehmliche Form von Gruppensex.

Kink/kinky, Adj. – Sexuelle Praktiken, Konzepte oder Fantasien, die von der Mehrheit der Menschen als ungewöhnlich eingestuft werden und für die früher oft das Wort «pervers» verwendet wurde. Heute wird dieser Begriff als zu negativ konnotiert gewertet und darum gemieden. Das englische Wort «kink» bedeutet in etwa so viel wie «Krümmung» oder «Knick». Die Verwendung leitet sich von der Idee ab, dass das gesellschaftlich allgemein akzeptierte Sexualverhalten bildlich gesehen einer geraden Linie entspricht und Abweichungen davon als Knicke auf dieser Linie empfunden werden.

Liebesschaukel, auch *Sling* – Eine aus Leder oder Kunststoff gefertigte Schaukel, die in der Regel an Ketten befestigt von der Decke eines Raumes hängt. Sie dient als Liege für den passiven Partner und ermöglicht einen leichten Zugang zu Vagina oder Anus durch den stehenden Partner oder die Partnerin.

Lingam – Aus dem Sanskrit abgeleiteter Begriff, der in der *neotantrischen* Bewegung für den Penis verwendet wird.

Non-binär – Selbstgewählte Bezeichnung für Geschlechtsidentität, die sich nicht ausschliesslich als männlich oder weiblich definiert, sondern sich ausserhalb dieser zweigeteilten, also binären Geschlechterordnung positioniert.

Osho, auch *Bhagwan* genannt – Eigenbezeichnung von Chandra Mohan Jain (1931–1990). Er war ein indischer Philosoph und Begründer der Bhagwan-Bewegung, die Meditationszentren und Kommunen in Indien und auch im Westen gründete. Er predigte unter anderem die spirituelle Erlösung und sexuelle Befreiung und traf damit vor allem in den 1970er-Jahren den Nerv der Zeit. Bhagwan wurde und wird bis heute von einigen als spiritueller Lehrer verehrt und von anderen als Anführer einer religiösen Sekte stark kritisiert und verurteilt.

Penis-Strap, auch *Strap-on-Dildo* – Sexspielzeug, umgangssprachlich auch als Umschnall-Dildo bezeichnet, das an einer Halterung befestigt ist, die um die Hüften geschnallt wird. Manche Modelle sind an einem Leder- oder Latex-Slip befestigt.

Polyamorie/polyamor, Adj. – Eine Lebensform, bei der eine Person mehrere Partner und/oder Partnerinnen liebt und zu allen eine sexuelle Beziehung pflegt. Wichtigste Kriterien bei der Polyamorie sind die offene Kommunikation mit allen beteiligten Personen und ihr gegenseitiges Einverständnis.

Queer – Ein Sammelbegriff für Personen, deren geschlechtliche Identität und/oder sexuelle Orientierung nicht der zweigeschlechtlichen, heterosexuellen Norm entspricht.

Sexpositive Bewegung/sexpositiv, Adj. – Begriff, der in den 1970er- und 80er-Jahren von Feministinnen geprägt wurde. Sie lehnten sich gegen frauenfeindliche, patriarchalische Darstellungen in der Pornografie auf und wollten gleichzeitig Frauen ermuntern, ihre eigenen sexuellen Bedürfnisse offen auszudrücken und zu leben. Heute umfasst der Begriff alle Menschen, unabhängig von sexueller Orientierung und Präferenzen, die ihre Lust ohne Scham ausleben.

Shibari – Rituelle Fesselkunst aus Japan mit erotischer Absicht und Wirkung.

Slow Sex – Sexuelle Handlungen werden gezielt mit Achtsamkeit verbunden, wodurch eine grössere Tiefe im gemeinsamen Erleben entstehen kann und alte Verhaltens- und Denkmuster aufgelöst werden können. Beim Slow Sex geht es darum, mit allen Sinnen bei dem anwesend zu sein, was gerade geschieht und ist, und nicht bei dem, was gemäss unseren Vorstellungen oder Fantasien sein sollte oder könnte.

Squirten, auch *Squirting* oder *weibliche Ejakulation* – Der Begriff kommt vom englischen Verb «to squirt» und bedeutet so viel wie spritzen. Durch Stimulation der weiblichen Prostata, auch G-Zone genannt, produzieren die sogenannten Bartholin-Drüsen ein wässriges, leicht milchiges Sekret, das von manchen Frauen durch die Harnröhre ausgeschieden wird. Manche Frauen squirten nach innen und die Flüssigkeit geht in die Blase und wird beim Wasserlassen mitausgeschieden. Schon Aristoteles schrieb über die weibliche Ejakulation. Im 19. und 20. Jahrhundert wurde sie schamhaft verschwiegen, was unter anderem daran lag, dass oft fälschlicherweise angenommen wurde, es handle sich bei der ausgeschiedenen Flüssigkeit um Urin, was inzwischen längst widerlegt wurde. Heute wird das Tabu um dieses Thema immer mehr aufgebrochen, aber noch immer ist noch nicht schlüssig erforscht, wie die weibliche Ejakulation tatsächlich funktioniert.

Sybian – Ein mit einem Elektromotor betriebenes Sexspielzeug, das aus einem sattelähnlichen Sitz besteht, aus dessen Mitte eine Grundplatte mit einem optionalen Stab herausragt. Ausserdem ist es möglich, zusätzlich angebrachtes Zubehör rotieren zu lassen, beispielsweise *Dildos*, *Anal-Plugs* oder *Noppen*.

Tantra/Neotantra/Tantramassage – Der Begriff «Tantra» bezeichnet verschiedene Inhalte innerhalb der indischen Philosophie, die sich zum Teil nur am Rande mit Sexualität befassen. Was in den letzten Jahrzehnten in Europa und den USA unter den Begriff gefasst wurde und wird, hat kaum mehr mit dessen ursprünglicher Bedeutung in Indien zu tun. Deshalb soll der Begriff «*Neotrantra*» die westlich verstandene, stark auf Sexualität fokussierte Auslegung bezeichnen. Im Alltagsgebrauch wird diese Unterscheidung nur selten gemacht und es wird weiterhin von «Tantra» gesprochen. Nach westlichem Verständnis umfasst die tantrische Praxis das natürliche Erleben der Sexualität durch Bewusstseinserfahrungen wie Meditation, Körper- und Atemübungen, innerer Verbindung und spiritueller Vereinigung der Beteiligten. Als Tantramassage wird eine sinnliche, absichtslose Ganzkörpermassage bezeichnet, welche den Intimbereich miteinbezieht. Sie kann ein Teil einer tantrischen Begegnung sein oder auch davon losgelöst ausgeführt bzw. empfangen werden.

Transgender/Trans- – Bezeichnung für Menschen, deren äusserliche Geschlechtsmerkmale – und damit das bei der Geburt zugewiesene Geschlecht – nicht mit ihrem gefühlten Geschlecht, dem sogenannten Identitätsgeschlecht, übereinstimmen.

Womanizer – Vibrator, welcher die Klitorisperle stimuliert. Es sind diverse Modelle erhältlich. Bei allen geschieht die Stimulation durch sanfte Luftschwingungen und berührungslos.

Yoni – Aus dem Sanskrit abgeleiteter Begriff, der in der *neotantrischen* Bewegung für die Gesamtheit der weiblichen Genitalien (Vulva, Vagina und Uterus) verwendet wird.

Yoni-Ei – Eiförmiger Halbedelstein, in der Regel aus Rosenquarz, Jade, Amethyst oder Obsidian, der in die Vagina eingeführt wird und die Beckenbodenmuskulatur aktivieren und sensibilisieren soll. In verschiedenen Grössen erhältlich.

ADRESSEN UND LINKS RUND UM DIE SEXUALITÄT

ADRESSEN DER INTERVIEWTEN EXPERTINNEN UND EXPERTEN

Tanja Aeschlimann
Hagartenstrasse 12, 4562 Biberist
tanja@herzensreise.ch
www.herzensreise.ch

Patrick Angele
Angele Massage
Am Wasser 1, 8600 Dübendorf
Tel. 076 436 22 25, patrick@angelemassage.ch
www.angelemassage.ch

Annette Bischof-Campbell
Zürcher Institut für klinische Sexualtherapie und Sexologie ZISS
Minervastrasse 99, 8032 Zürich
www.ziss.ch

Verena Hug
Orangerie le Club AG
Wilerstrasse 55, 9545 Rosental/Wängi
Tel. 052 378 22 12
www.orangerie.eu

Armin Müller
Systemisches Coaching
Oberhusrain 48, 6010 Kriens
Tel. 041 420 00 52 / 077 406 95 65, info@arminmueller.ch
www.arminmueller.ch, www.tantrischemassage.ch

Claudia Sieber
Sensuelle, Erotik-Boutique für Frauen
Kasernenstrasse 17, 8004 Zürich
www.sensuelle-boutique.ch

AUFKLÄRUNG / WISSENSVERMITTLUNG

beducated.com – Deutsch- und vor allem englischsprachige Inhalte über Sexualpraktiken

lilli.info – Viele Aspekte der Sexualität werden hier besprochen und man kann auch kostenlos online Fragen stellen; für Menschen jeden Alters.

lvstprinzip.de – Ein Freiraum für sexuelle Gedanken, sexuelle Vielfältigkeit und Vernetzung. Sex wird ganzheitlich betrachtet.

omgyes.com – Die Lust der Frauen und ihr Orgasmus stehen hier im Mittelpunkt.

sexuelle-gesundheit.ch – Links zu diversen Fach- und Beratungsstellen für sexuelle Gesundheit, Infos rund um Sexualität und ein Shop mit Broschüren zum Bestellen oder Downloaden

vielma.at – Sexualpädagogische Materialien und Modelle für Workshops, Unterricht, Beratung, Aufklärung, Trainings und Fortbildungen

BERATUNG

bodyworkcenter.ch – Somatische Sexualberatung und sexologische Körpertherapie

daniaschiftan.ch – Dania Schiftan ist Expertin für Sexualität und Partnerschaft

ilanstephani.com – Online- und Live-Seminare zu Körperarbeit und Ekstase

sensuelle-boutique.ch – Sexualtherapie und Beckenbodenberatung

sexologicalbodywork.ch – Einzel- und Paarberatungen, auch online

theratalk.de – Online-Therapie und -Beratung, auch anonym

zismed.ch – Zentrum für interdisziplinäre Sexologie und Medizin

BDSM / KINKY / QUEER

deviance.app/kinky – Plattform für *BDSM*- und Fetisch-Interessierte

ig-bdsm.ch – Plattform und Interessenvertretung für *BDSM*-Interessierte

queerspace.ch – Ort der Begegnung für alle Menschen, die sich als *queer* bezeichnen

zwischenwelten.ch – Zwischenwelten will alle menschlichen Verbindungen und Beziehungen als wertvoll erkennen, romantische und sexuelle Beziehungen nicht grundsätzlich in den Vordergrund stellen und so neue, *sex-positive* Räume schaffen. Links zu Events, Bücherlisten, Queer-Pornos etc.

DATING

bumble.com – Hier können Frauen nur von Männern kontaktiert werden, denen sie zuvor ihr «OK» übermittelt haben.

dirtycode.io – Humorvolle Dating-Seite, auf der man seine Geschlechtsteile und die eigenen Vorlieben anhand von Comic-Bildern beschreiben kann.

joyclub.de – Seite, auf der auch Paarprofile möglich sind. Mitglieder erhalten teilweise Vergünstigungen für diverse Events und Clubeintritte.

miro-tantra-dating.online – Dating für Menschen mit Interesse an *tantrischen* Begegnungen, erotischen Massagen oder *Slow Sex*

okcupid.com – Hier finden sich viele Menschen, die offen nichtmonogam, *polyamor* und/oder *queer* sind.

sensualspeeddating.ch – Angebot für Speed-Dating-Anlässe, bei welchen man das Gegenüber mit allen Sinnen kennenlernt: tastend, hörend, riechend – und erst danach sehend

thecasuallounge.ch – Seriöse, sichere Dating-Seite für Sex-Abenteuer, mehrheitlich für Heterosexuelle

EROTIK / SEX FÜR DIE OHREN

femtasy.com – Keine Pornos und kein Podcast, sondern erotische Geschichten zum Hören

lvstprinzip.podigee.io – Podcast der Sexualberaterin Theresa Lachner mit intimen Gesprächen

untenrumpodcast.com – In jeder Folge erzählt ein Mensch über sein Leben und seine Sexualität.

sextapes-podcast.de – Lili und Lotte plaudern aus dem Bettkästchen. In diesem Podcast dreht sich alles um guten Sex und wie man ihn macht.

ETHISCHE PORNOS

afourchamberedheart.com – Ästhetische Pornos mit künstlerischem Anspruch, die mehr verbergen als zeigen

carrerosefilms.com – Pornos jenseits von perfekten Körpern

elsecinema.com – Soft-Pornos, die die Fantasie anregen sollen

erikalust.com – Erika Lust ist die bekannteste feministische Regisseurin von Pornofilmen.

lustery.com – Hausgemachte Pornos von echten Paaren

makelovenotporn.tv – Realistischer Sex mit echten Menschen und echten Gefühlen

EVENTS

kuschelzauber.jimdofree.com – Kuscheln in der Gruppe in einem geschützten Rahmen in Bern

freiherztage.org – Anlass am Bodensee für Menschen, die *polyamor* leben oder sich dafür interessieren

lafeteduslip.ch – Jährliches Festival in Lausanne für alternative Pornofilme

pornydays.love – Film- und Kunst-Festival in Zürich: Filme, Debatten, Performances, Workshops, Ausstellungen und Party

wildlovefestival.ch – Event am Bodensee rund um die Themen Sexualität, Schamanismus und Spiritualität

GENDER-THEMEN

nonbinary.ch – Informationen zu *non-binärem* Geschlecht, Blog und Vernetzungsmöglichkeit

tgns.ch – Information und Beratung für *Transgender*-Menschen

KÖRPERERFAHRUNGEN

bodyworkcenter.ch – Kurse zu vielen Themen: von Beckenboden-Training bis zu *Yoni*-Massagen

liquid-love.ch – Sinnliche Körpererfahrung in der Gruppe unter Anwendung von warmem Öl

yoni-egg.ch – Online-Shop für *Yoni-Eier* zum Training des Beckenbodens

POLYAMORIE

polyamorie.ch – Viele Informationen zum Thema *Polyamorie* und alternative Beziehungsformen

SEXSPIELZEUG & CO.

amorelie.ch – Grosse Auswahl an Produkten, interessanter Blog über die verschiedensten Sex-Themen

beziehungskarten.ch – Bestellseite für Kartenspiele, die dazu anregen, einander wichtige Fragen zu Sexualität, Nähe und Intimität zu stellen

sensuelle-boutique.ch – Kuratierte Auswahl an Dingen, die die Erotik entfachen und den Sex schöner machen

untamed.love – *Sexpositiver*, *queer*-feministischer Sex-Shop

SQUIRTEN

angelemassage.ch – Der ausgebildete *Tantra*-Masseur Patrick Angele bietet *Squirting*-Massagen an.

yonipleasurepalace.com – In diesem australischen Online-Shop gibt es schöne, sinnliche *Squirting*-Decken und hochwertiges Sexspielzeug.

SWINGERCLUBS

orangerie.eu – Stilvoller Club mit feinem Gourmet-Restaurant, Sauna, Aussenbereich mit Garten, diversen Events

kristallgrotte.com – Club, zu dem nur Paare und Frauen Zutritt haben

TANTRA

foerderverein-tantramassage.ch – Hier findet man ausgebildete Anbieterinnen und Anbieter von *Tantramassagen*

leben-und-lieben.ch – Seriöse, fundierte *Tantra*-Kurse und Infos rund um *Tantra*

sexologicalbodywork.ch – Viele Kurse in *Tantramassage* für Frauen und Paare

skydancingtantra.de – Infoseite der «Grande Dame» des *Tantra*, Margot Anand

trustedbodywork.com – Suchfunktion mit Liste ausgebildeter Sexological Bodyworker im deutschsprachigen Raum; Magazin mit Infos zu *Tantra*

WEITERFÜHRENDE LITERATUR

WEIBLICHE LUST & SEXUALITÄT

Barbach, Lonnie (2018). For Yourself. Die Erfüllung weiblicher Sexualität. 25. Aufl., Ullstein, New York. 232 Seiten.

Ein Klassiker der Selbstbefriedigung. Barbach zeigt Wege, wie Frauen ihren Körper besser kennenlernen können. Üben muss man dann selbst.

Bergner, Daniel (2014). Die versteckte Lust der Frauen. Ein Forschungsbericht. ePUB. 256 Seiten.

Von wegen «Frauen sind das treue Geschlecht»! Bergner beweist anhand wissenschaftlicher Studien, dass die Lust der Frauen bewusst kleingemacht wurde – und wie gross sie in Wirklichkeit ist.

Brochmann, Nina & Stokken Dahl, Ellen (2020). Viva la Vagina! Alles über das weibliche Geschlecht. 3. Aufl., S. Fischer Verlag, Frankfurt am Main. 352 Seiten.

Zwei junge Medizinerinnen vermitteln unverkrampft Fachwissen über die entscheidenden Themen rund um das «geniale Genital», den weiblichen Körper, Sex und Gesundheit.

Friday, Nancy (2017). Die sexuellen Phantasien der Frauen. 4. Aufl., Scherz bei Fischer, Bern und München. 368 Seiten.

Als das Buch von Friday 1973 in den USA erschien, sorgte es für einen Sturm der Entrüstung: Was, solche expliziten, tabulosen Phantasien haben Frauen?! Ja, meine Herren, so ist es nun mal.

Kent, Tami Lynn (2011). Wild Feminine. Finding Power, Spirit & Joy in the Female Body. Atria Books, New York. 352 Seiten.

Ein Anleitungsbuch für Frauen mit Körperübungen und vielen praktischen Fallbeispielen.

Pietri, Julia (2022). Mit Fingerspitzengefühl. Kleine Anleitung zur weiblichen Masturbation. 4. Aufl., Verlag Antje Kunstmann, München. 144 Seiten.

Pietri ist eine Kämpferin in Sachen Klitoris-Bewusstsein. Die französische Sex-Aktivistin will alle Frauen ermutigen, zu sich und ihrer Lust zu stehen – und selbst Hand anzulegen.

Richardson, Diana (2019). Zeit für Weiblichkeit. Der tantrische Orgasmus der Frau. 19. Aufl., Innenwelt Verlag, Zwickau. 289 Seiten.

Vertiefte theoretische und praktische, bebilderte Hinweise zu Orgasmus und Ekstase.

Schiftan, Dania (2020). Coming soon. Orgasmus ist Übungssache. 5. Aufl., Piper, München. 203 Seiten.

Ein gut lesbares Übungsbuch mit vielen hilfreichen Links im Anhang.

SEXUALITÄT ZU ZWEIT

Henning, Ann-Marlene & Von Keiser, Anika (2018). Make More Love. Ein Aufklärungsbuch für Erwachsene. Goldmann, München. 352 Seiten.

Ein reich bebildertes, Mut machendes Buch für Menschen ab 45 Jahren, die in Sachen Sex noch etwas dazulernen möchten.

Perel, Esther (2020). Was Liebe braucht. Das Geheimnis des Begehrens in festen Beziehungen. 3. Aufl., Harper Collins, Hamburg. 320 Seiten.

Perel erklärt anhand von vielen Beispielen das Dilemma von Nähe und Distanz in langjährigen Beziehungen – und bietet Ansätze, wie man es lösen kann.

Richardson, Diana (2011). Zeit für Offenheit. Briefe über Sex und Liebe. Innenwelt Verlag, Zwickau. 248 Seiten.

Es kommen Männer und Frauen zu Wort, die Richardsons Bücher gelesen oder ihre Seminare besucht haben. Sie schreiben ihr Briefe, die Richardson beantwortet.

Richardson, Diana & Michael (2020). Zeit für Gefühle. Die Krux mit den Emotionen in der Partnerschaft. 11. Aufl., Innenwelt Verlag, Zwickau. 154 Seiten.

Das Buch zeigt Wege aus der Emotionalität, welche in der Vergangenheit ihre Wurzeln hat, hin zu echten Gefühlen, die aus dem Moment heraus entstehen und die Liebe und Sexualität tragen.

Schiftan, Dania (2021). Keep It Coming. Guter Sex ist Übungssache. Piper, München. 256 Seiten.

Wie schon bei ihrem ersten Buch über den weiblichen Orgasmus bleibt die Sexualtherapeutin ihrer direkten Schreibe treu und gibt viele Tipps, wie Menschen den Sex auch in langjährigen Beziehungen lebendig und befriedigend gestalten können.

Urban, Mina (2018). Ehe ohne Sex. Irrtümer – Erfahrungen – Auswege. 2. Aufl., Edition Winterwork, Borsdorf. 165 Seiten.

Sexuelle Bedürfnisse und das Verlangen nach Zärtlichkeit sind sehr individuell. Wenn die Sexualität sich aus dem Paarleben verabschiedet, muss das nicht das Ende der Liebe sein. Ein authentisch geschriebenes Buch mit Erfahrungsberichten und Experteninterviews.

Ziegler, Gerd Bodhi (2020). Wer liebt, hat alles. Liebe, Sexualität und Partnerschaft befreit leben. Print on demand, Bielefeld. 299 Seiten.

Wie eine lebendig gelebte (Paar-)Sexualität und Liebesverbindungen dazu beitragen können, die Persönlichkeit zu entwickeln, mehr Selbstliebe zu leben und die ganz eigene innere Wahrheit zu ergründen. Mit vielen Erfahrungsberichten des Autors.

OFFENE BEZIEHUNGEN / POLYAMORIE / MEHRFACHBEZIEHUNGEN

Deunan, Sabine & Wolf (2014). Drei ist keiner zu viel. Das ultimative Einsteigerbuch in eine offene Beziehung. Schwarzkopf und Schwarzkopf Verlag, Berlin. 248 Seiten.

Ein humorvoller, prägnanter Leitfaden durch den Dschungel an Möglichkeiten konsensuell nichtmonogamer Lebensformen.

Easton, Dossie & Hardy, Janet W. (2020). Schlampen mit Moral. Warum es an der Zeit ist, Sex und Liebe neu zu denken – wie Polyamorie, offene Beziehungen und andere Abenteuer gelingen können. Neuüberarbeitete Aufl., MVG Verlag, München. 335 Seiten.

Der Klassiker der *Polyamorie*-Szene. Es wird jedoch nicht eine bestimmte Lebensform propagiert. So gibt es u. a. ein Kapitel über die Vorteile der Monogamie und einen Aufklärungsteil über Safer Sex, verantwortungsvolles Verhalten in Mehrfachbeziehungen etc.

Lendt, Holger & Fischbach, Lisa (2014). Treue ist auch keine Lösung. Ein Plädoyer für mehr Freiheit in der Liebe. Piper, München. 336 Seiten.

Ein nüchterner Blick auf das Treueversprechen und eine aufrichtige Suche nach Lösungen für das Dilemma zwischen Treuewünschen und Untreuesehnsüchten.

Raab, Michel & Schadler, Cornelia (Hrsg.) (2020). Polyfantastisch? Nichtmonogamie als emanzipatorische Praxis. UNRAST-Verlag, München. 222 Seiten.

Essays unterschiedlichster Autoren stellen Beziehungsführung als politisches Thema auf den Prüfstand. Eine Analyse der aktuellen gesellschaftlichen Ordnung.

Schott, Oliver (2020). Lob der offenen Beziehung. Über Liebe, Sex, Vernunft und Glück. 9. Aufl., Bertz und Fischer Verlag, München. 114 Seiten.

Ein gut lesbares Büchlein über Freiheit, Sex, Liebe und deren Monopolisierung.

Wolf, Tikva (2016). Ask me about Polyamory. Thorntree Press, Portland. 124 Seiten.

Ein Comic-Bildband über das Mehrfachlieben, die Dating-Szene, Identitätsfragen und (Poly)-Sexualität.

SLOW SEX

Cremer, Yella & Samuel (2021). Liebe würde Slow Sex machen. Sex, der Frauen und Männer wirklich glücklich macht. 4. Aufl., Love Base Media, Hamburg. 187 Seiten.

Ein Anleitungsbuch zum *Slow Sex*, reich bebildert und unterhaltsam geschrieben und mit vielen weiterführenden Links und Tipps im Anhang.

Long, Barry (2020). Sexuelle Liebe auf göttliche Weise. 4. Aufl., Neue Erde Verlag, Saarbrücken. 142 Seiten.

Wenn auch in eher «frommer» Sprache verfasst: Eine hilfreiche, tiefgehende und gleichzeitig konkrete Anleitung für Menschen, welche die Praxis des *Slow Sex* für sich entdecken möchten und den zeitlichen und emotionalen Aufwand dafür nicht scheuen.

Riek, Saleem Matthias (2021). Jederzeit innehalten können. Wegweiser für eine erfüllende Sexualität und Beziehung. Artikel erschienen in: Tattva Viveka, Zeitschrift für Wissenschaft, Philosophie und spirituelle Kultur. Sonderheft No 2. Heilige Sexualität, IPS Pressevertrieb, Berlin. 10 Seiten.

Sind wir wirklich in Kontakt mit uns selbst oder ist jeder in «seinem Film»? Ein Artikel über Langsamkeit, Innehalten und das Potenzial, das sich eröffnet, wenn wir in der Sexualität jeden Augenblick bewusst wahrnehmen.

Von Stosch, Iris (2015). Himmlischer Sex. Der Weg von Mann und Frau in die tiefe körperliche Liebe. Verlag Tao.de, Bielefeld. 227 Seiten.

Persönliche Erfahrungen der Autorin aus ihren verschiedenen (Liebes-)Beziehungen und Einblicke in die Erfahrungen von Teilnehmenden ihrer Seminare. Mit vielen Ausführungen über die Theorie und Praxis des Liebemachens in der Form von *Slow Sex*.

TANTRA

Anand, Margot (2021). Die Kraft der sexuellen Ekstase. Im Gespräch mit einer *Tantra*-Pionierin. Artikel erschienen in: Tattva Viveka, Zeitschrift für Wissenschaft, Philosophie und spirituelle Kultur. Sonderheft No 2. Heilige Sexualität, IPS Pressevertrieb, Berlin. 6 Seiten.

Eine Ermutigung, die eigene Verantwortlichkeit für orgastische Erfahrungen und Ekstase (wieder) zu finden.

Osho (2021). *Tantra* war nie männlich-chauvinistisch. Über die Legende des Yogis Saraha. Artikel erschienen in: Tattva Viveka, Zeitschrift für Wissenschaft, Philosophie und spirituelle Kultur. Sonderheft No 2. Heilige Sexualität, IPS Pressevertrieb, Berlin. 5 Seiten.

Als Grundpfeiler des *Tantra* als Lebensform wird die Verbindung und letztlich Überwindung aller Gegensätze, auch des Gegensatzes männlich-weiblich, beschrieben.

SEXUALITÄT & SPIRITUALITÄT

Lichtenfels, Sabine (2017). Weiche Macht. Perspektiven eines neuen Frauenbewusstseins und einer neuen Liebe zu den Männern. Verlag Meiga, Bad Belzig. 288 Seiten.

Lichtenfels ist Mitbegründerin des Friedensforschungsprojekts Tamera in Portugal. Das Buch plädiert für eine spirituelle Praxis, die auch eine authentische Lebens- und Sexualpraxis ist.

Osho (2020). Tantra, Spiritualität und Sex. 20. Aufl., Innenwelt Verlag, Köln. 142 Seiten.

Man mag von *Osho* (auch als *Bhagwan* bekannt) halten, was man will, aber dieses Buch ist richtig gut. Für alle, die ihren Sex entschleunigen und zugleich vertiefen möchten.

Stephani, Ilan (2022). Finde deine sexuelle Kraft. Die Elemente der Ekstase. Gräfe und Unzer Verlag, München. 207 Seiten.

Ein Buch nicht nur, aber vor allem auch für Frauen. Sex kann viel mehr sein als das Spiel mit Genitalien und die Wege zur Lust sind individuell sehr verschieden. Ein ausführliches Kapitel ist dem Solo-Sex gewidmet, der als ebenbürtig mit dem Paar-Sex verstanden wird.

ERFAHRUNGSBERICHTE

Heer, Klaus (1995). Ehe, Sex & Liebesmüh. Eindeutige Dokumente aus dem Innersten der Zweisamkeit. 4. Aufl., Scalo, Zürich. 448 Seiten.

Heer porträtiert Männer und Frauen, die ganz offen über ihr Sexleben berichten. Schönes und Trauriges wechselt sich ab und ermutigt zur Selbstreflexion.

Karig, Friedemann (2019). Wie wir lieben. Vom Ende der Monogamie. 2. Aufl., Aufbau Verlag, Berlin. 302 Seiten.

Geschichten über Menschen, die Erfüllung in einer Liebe suchen, die anders ist und frei. Mit allem Schmerz.

VERSCHIEDENE THEMEN

Duhm, Dieter (2010). Der unerlöste Eros. 2. Aufl., Verlag Meiga, Bad Belzig. 198 Seiten.

Ein Buch über ungelöste Liebesthemen wie Eifersucht, freie Liebe, Treue, Verlangen, Impotenz, Moral usw.

Frei, Lotta (2018). Die Swingerbibel. Lebe deine Fantasien und finde zu einer erfüllten Sexualität. ePUB, Fulda. 81 Seiten.

Eine anschauliche Einführung in die Swinger-Welt mit vielen Infos für Einsteigerinnen und Einsteiger und einem ausführlichen Glossar. Empfehlenswerte Lektüre vor dem ersten Clubbesuch.

Haerdle, Stephanie (2020). Spritzen. Geschichte der weiblichen Ejakulation. Edition Nautilus, Hamburg. 288 Seiten.

Das Buch zeichnet nicht nur die Geschichte der weiblichen Ejakulation nach, sondern zeigt auch, wie sich der gesellschaftliche Blick auf den weiblichen Körper und die weibliche Prostata verändert hat. Anschaulich geschrieben und bebildert.

Perel, Esther (2020). Was Liebe aushält. Untreue überdenken. Ein Buch für alle, die jemals geliebt haben. Harper Collins, Hamburg. 274 Seiten.

Ein unverstellter Blick auf die Untreue. Es wird aufgezeigt, wie Untreue auch in nichtmonogamen Beziehungen vorkommen kann – als Nichteinhalten von Vereinbarungen.

Roidinger, Beatrix & Zuschnig, Barbara (2021). Sexpositiv. Intimität und Beziehung neu verhandelt. Goldegg Verlag, Berlin. 383 Seiten.

Wie bekomme ich den Sex, nach dem ich mich sehne? Dieses Buch öffnet den Blick auf ganz neue Zugangsweisen zu Sexualität, Intimität und Beziehungsformen.

Ryan, Christopher & Jethá, Cacilda (2020). Sex. Die wahre Geschichte. 3. Aufl., Klett-Cotta, Hamburg. 359 Seiten.

Vertieft und mit zahlreichen Quellenangaben werden die prähistorischen Wurzeln der menschlichen Sexualität ergründet und die Monogamie als genetisch-anthropologische Konstante hinterfragt.

Van Schaik, Carel & Michel, Kai (2022). Die Wahrheit über Eva. Die Erfindung der Ungleichheit von Frauen und Männern. Rowohlt Taschenbuch Verlag, Hamburg. 701 Seiten.

Die Autoren erklären, wie es dazu kam, dass Frauen als das schwache, minderwertige Geschlecht galten, und betonen, wieviel davon Kultur (also menschengemacht) und nicht Natur ist.